FOLIO BIOGRAPHIES
collection dirigée par
GÉRARD DE CORTANZE

Chaplin

par

Michel Faucheux

Gallimard

Crédits photographiques :

1 : Rue des Archives/PVDE. 2 : Album/akg-images. 3, 9, 17 : Prod DB/DR. 4 : Prod DB/The Essanay Film Manufacturing Compagny/DR. 5 : Prod DB/First National/DR. 6, 8, 15, 16 : Prod DB/United Artists/DR. 7, 10, 12, 18 : Rue des Archives/Collection BCA. 11, 14 : Bettman/Corbis. 13 : Suddeutsche Zeitung/Rue des Archives.

© Éditions Gallimard, 2012.

Universitaire, Michel Faucheux est maître de conférences à l'Institut national des sciences appliquées de Lyon. Il a été directeur du Centre des Humanités de cette école d'ingénieurs et est membre du laboratoire S2HEP. Ses travaux, qui ne se limitent pas au champ étroit d'une discipline et traversent histoire, littérature, science et philosophie, visent à développer une réflexion sur la place bouleversée de l'homme dans le monde aux XIXe et XXe siècles sous l'effet de la technique et à définir un humanisme du XXIe siècle. Il a exposé ses recherches dans de nombreux livres tels *Norbert Wiener, le Golem et la cybernétique, éléments de fantastique technologique* (Éditions du Sandre, 2008), *La Tentation de Faust ou la Science dévoyée* (L'Archipel, 2012) ou *Frankenstein, une biographie* (L'Archipel, 2015). Les biographies qu'il a publiées dans la collection « Folio Biographies », *Auguste et Louis Lumière* (2011), *Chaplin* (2012), *Mermoz* (2013) et *Buffalo Bill* (2017), livrent, à travers des destins de créateurs, sa méditation sur nos « temps modernes ».

Naissance d'une vocation

Pour beaucoup d'entre nous, Charlie Chaplin se confond avec le personnage de Charlot, surnommé aux États-Unis, de manière plus impersonnelle, *The Tramp*, le vagabond. Pourtant, ce personnage est loin d'occuper toute la filmographie de Chaplin qui est aussi un grand réalisateur. Charlot efface Chaplin du fait même de son succès précoce auprès du public, au cours des premières années du cinéma naissant. Charlot est, sans nul doute, l'un des mythes cinématographiques du XXe siècle qui occupe une juste place dans notre imaginaire collectif.

Pourquoi et comment un personnage de film devient-il un mythe ? Le talent n'explique pas tout, il faut que le personnage rencontre son époque, en dise la vérité et devienne ainsi le référent imaginaire fondateur de nos existences. Charlot, on en fera l'hypothèse dans cette biographie, dit et nous aide à lire le XXe siècle. Mais, si Charlot est devenu un mythe cinématographique, c'est aussi qu'il sert de mythe fondateur à Chaplin lui-même tout comme à ses autres réalisations et interprétations.

Dans toute vie, il y a un événement décisif, une

scène primitive, parée de légende, qui détermine une bifurcation et une trajectoire particulières. Tout commence pour Charlie Chaplin un soir de 1894 sur la scène du théâtre Canteen à Aldershot. Il a cinq ans. Sa mère, Hannah, a été engagée dans ce théâtre miteux fréquenté par un public bruyant et tapageur de militaires dont l'une des distractions est de siffler et chahuter les acteurs et actrices. Les soirs où elle joue, Charlie accompagne sa mère qui, dépourvue de pension alimentaire, n'a pas les moyens matériels de le faire garder. Durant toute la durée du spectacle, il s'imprègne du lieu, observe, hante les coulisses. Mal nourrie, mal soignée, malade, Hannah a une voix mal assurée, détériorée par de nombreuses laryngites. Un soir, alors qu'elle se trouve sur scène et qu'elle a commencé à chanter, elle est brutalement trahie par sa voix qui se trouble, puis se brise, au point de se réduire à un filet inaudible. Le public, dépourvu de toute compassion, n'attendait que cela et se met aussitôt à vociférer, crier, siffler, provoquant un vacarme grandissant dans la salle. Le directeur du théâtre, ne sachant que faire pour apaiser les spectateurs, apercevant Charlie, se précipite vers lui. Il se souvient de l'avoir souvent entendu fredonner et chanter et se dit que le petit garçon pourra faire l'affaire et remplacer sa mère au pied levé. Tout vaut mieux que de laisser grandir encore l'agitation et l'attente. Le directeur se saisit de la main de Charlie qu'il conduit, de force, sur scène, bredouillant quelques explications à destination du public pour justifier ce changement de programme. À peine a-t-il fini son annonce qu'il disparaît précipitamment, plantant là Charlie devant des grappes de militaires à la fois hilares et ahuris. Mais Charlie ne se démonte pas. Il improvise une chanson bien connue à l'époque, « Jack Jones », que reprend à son tour l'orchestre :

Jack Jones est bien connu de tous
Sur le marché, vous savez,
Je ne lui reproche rien à Jack,
Pas quand il est comme il était jadis.
Mais depuis qu'il a vu la couleur du fric
Il a changé et pas en bien,
Car à voir la façon dont il traite ses copains d'antan
Ça me donne la nausée[1].

Imperceptiblement, l'atmosphère de la salle change, l'attention renaît, les applaudissements se mettent à crépiter et, bientôt, une pluie de monnaie s'abat sur la scène. La magie Chaplin a produit son effet pour la première fois. Charlie, merveilleusement doué pour la scène, s'amuse à en jouer. Devant des marques aussi matérielles de son succès, il s'interrompt en pleine chanson et annonce qu'il va d'abord ramasser les pièces de monnaie. Il ne reprendra, ajoute-t-il, qu'ensuite le fil de sa chanson. Rires prodigieux dans la salle, décuplés par l'arrivée du directeur qui déboule sur scène et dégaine un mouchoir de sa poche pour aider le jeune garçon à ramasser son argent. Un sketch s'improvise aussitôt entre Charlie et le directeur, à leur insu mais superbement mené.

Charlie croit, en effet, que le directeur n'est là

que pour ramasser l'argent reçu du public. Le jeu de rôles laisse place au quiproquo comique. Affichant une moue d'inquiétude, Charlie se précipite sur les pas du directeur qui vient de quitter la scène après avoir ramassé tout ce qu'il pouvait. La scène demeure vide un temps et Charlie ne réapparaît qu'après s'être assuré que sa mère a bien récupéré l'argent. Il reprend alors son numéro de chant. C'est bien un gag improvisé, son premier gag, que Chaplin a joué devant un public enthousiasmé. Charlie vient d'inventer et de mettre au point une poétique du rire. Une caractéristique du personnage de Charlot sera, en effet, de jouer devant l'écran des gags qui semblent se dérouler à son insu. Tel sera Charlot : un clown, un gaffeur malgré lui.

Le jeune Chaplin enfile les jeux de scène : il danse, interpelle le public, se lance dans des imitations, y compris de sa mère, entonne une chanson de marche irlandaise :

Riley, Riley, c'est un charmeur,
Riley, Riley, c'est la voix de mon cœur.
Dans toute l'armée, à tous les grades,
Pas un n'est soigné, si net
Que le noble sergent Riley
Du vaillant 88e[2].

Charlie entonne le refrain en imitant la voix de sa mère, ce qui provoque à nouveau les rires et les acclamations de la salle et suscite une nouvelle pluie de pièces de monnaie. Comme l'écrira Chaplin dans son autobiographie : « Ce soir là marqua ma première apparition sur la scène et la dernière de ma mère[3]. » Chaplin souligne lui-même le caractère inaugural de cet épisode. À cinq ans, il vient de découvrir qu'il était doué pour la scène, prenant le relais d'une mère qui ne retrouvera jamais sa voix de chanteuse. Il vient aussi de découvrir qu'il était doué d'un sens commercial dont il ne se départira jamais tout au long de sa vie, devenant l'un des acteurs les mieux payés au monde.

Mais la scène a aussi valeur psychanalytique. La perte de la voix de la mère figure une tragédie : une tragédie professionnelle et familiale, certes, mais aussi une tragédie plus ample qui va se déployer dans l'œuvre entière de Chaplin. Perdre la voix, c'est aussi perdre la signification donnée au monde, c'est n'avoir plus de voie, errer dans un univers dévasté par la guerre, le machinisme, la pauvreté, l'exploitation économique et l'oppression de dictatures naissantes. Perdre la voix, c'est être condamné à n'être plus qu'un vagabond, un *tramp*, un Charlot. En ce sens, ce qui se joue dans cette soirée de 1896, sur la scène d'un théâtre miteux, c'est, dans l'inconscient du jeune Chaplin, la mise en forme d'un rapport au monde qui deviendra une esthétique : celle du vagabond ballotté par la vie, détruit par la misère, emporté par une histoire peu encline à faire cas de l'humanité dont sa mère est la figure emblématique au féminin. Dans ses films, Chaplin ne cessera de rejouer cette perte de la voix qui conjugue drame personnel et drame métaphysique où s'exprime la condition de l'homme au XXe siècle.

Mais la perte de la voix est aussi le signe d'une

incapacité à construire une identité, à faire sens et corps avec soi. Elle est la marque d'une scission entre soi et soi, d'une étrangeté à soi-même par l'incapacité de se dire que la vie et les films de Chaplin ne cesseront de retranscrire. Charlot, comique par mégarde, est toujours en décalage par rapport à lui-même et par rapport au monde. C'est ce décalage qui donne forme à une esthétique burlesque devenue la marque de fabrique cinématographique de l'œuvre de Chaplin.

Voilà pourquoi abondent aussi dans les films de Chaplin les personnages doubles : le vagabond et l'aristocrate dans *Le Masque de fer* (1921), le barbier et le dictateur dans *Le Dictateur* (1940), *Monsieur Verdoux* (1947), bourgeois de belle allure et assassin en série... En outre, Charlot est le personnage multiple qui ne cesse d'enfiler les identités, tour à tour policier, voleur, curiste, brocanteur, etc., demeurant à la périphérie de lui-même. Ainsi s'explique le mythe de Chaplin dont la vocation universelle est complexe : il raconte quelle est notre condition. Il renvoie à la figure primordiale et mythique du *Trickster*, du fripon divin[4], cet être fruste et rusé qui oscille entre le bien et le mal, est à la fois plein d'innocence et de convoitise et qui, étranger à toutes les institutions, enfreint toutes les règles, commet toutes les maladresses, déclenche toutes les catastrophes et tombe dans tous les pièges, y compris ceux qu'il a tendus lui-même. Mais le *tramp* ne pourrait-il apparaître aussi comme une actualisation moderne de la figure du *Wanderer*, cette figure de l'errant et du vagabond qui apparaît dans un poème anglais du Xe siècle inclus dans *Le Livre d'Exeter* ? Certes, le comique de Chaplin a peu à voir avec le désespoir d'un jeune homme qui a perdu ses amis et son seigneur tués dans une bataille, ce qui le condamne à un lointain exil, et qui trouve réconfort dans la foi en Dieu. Pourtant, Charlot est lui-même un exilé de la vie et de la vérité humaine que bafouent le fonctionnement de la société industrielle, le machinisme et la recherche du profit. S'il sera d'abord l'émigré pauvre qui occupe tous les emplois pour survivre, il incarnera aussi, dès la fin des années 1920, le chômeur victime de la crise de 1929 ou le travailleur à la chaîne. C'est que le *tramp* incarne, dans sa pantomime burlesque, le sentiment diffus partagé par les contemporains de Chaplin de vivre une déshumanisation que certains nomment pourtant une « humanité nouvelle ».

On osera une hypothèse jamais faite dans les biographies de Chaplin. Il faudrait, en effet, rapprocher le personnage du *tramp* de la vision de l'être humain que donnent certains livres parus entre la fin du XIXe et le début du XXe siècle. Des ouvrages tels que *The New Man, A chronicle of the Modern Time* de E. Paxons Oberholtzer (1897) ou *The New Man. A portrait study of the Latest Type* (1913) de Philip Gibbs expriment une même vision désenchantée du nouvel homme caractéristique d'un nouveau siècle. Cet homme nouveau, privé de l'autorité paternelle, sous l'emprise de « la femme nouvelle », est à présent l'homme du destin.

> Mais de quel destin ? L'homme nouveau ne le sait pas. Il ne peut même pas tenter de l'imaginer, bien qu'il soit fébrilement, craintivement et anxieusement désireux de le savoir. L'homme nouveau, à la différence de son père et de ses ancêtres, n'a plus de conviction ferme. Il ne peut plus faire appel à une autorité qui le guide car il a refusé toutes les autorités. Il n'a pas de foi absolue et inébranlable, car il ne trouve pas les preuves qui le convainquent sur un dogme de la foi, quel qu'il soit. [...] L'homme nouveau s'en va ainsi à la dérive, comme un navire sans gouvernail, changeant de direction à chaque fois que le vent tourne, sans jamais atteindre un port certain, flottant sur la vaste mer du doute[5].

Autrement dit, l'homme nouveau est un vagabond, privé de sens, donc de parole, sans voix, incapable de se frayer une voie à la surface du monde.

Voilà pourquoi Chaplin demeurera si attaché au muet et résistera à l'avènement du cinéma parlant, au point de persister à faire un film muet tel que *Les Lumières de la ville* (1931). Le muet n'est pas seulement pour lui une technique cinématographique. Il est une esthétique, il raconte la condition de l'homme réduit à une pantomime parce qu'il n'arrive pas à coïncider avec lui-même, enfile les rôles et les identités et se maintient aux marges d'un monde qui déshumanise les êtres. Le muet n'est pas un manque, une simple étape dans l'accomplissement technique qui mène au cinéma parlant. Il illustre, pour Chaplin, une esthétique qui exprime la tragédie de la parole, la blessure infligée au langage par l'avènement d'un monde industriel et d'une logique économique qui déshumanise les êtres[6].

Avec Chaplin, grâce au cinéma muet, la pantomime prend une nouvelle signification. Elle n'est plus ce spectacle populaire propre à la Grande-Bretagne réglé par des lois du XVIIIᵉ siècle qui interdisent les dialogues sur scène à l'exception des théâtres royaux. Rajeunie au XIXᵉ siècle par l'apport de numéros venus du cirque, la pantomime est pour Chaplin le spectacle qui incarne le rapport métaphysique de l'homme du XXᵉ siècle au monde. En outre, elle est une formidable école d'apprentissage. Imitant les acteurs de pantomime, Chaplin très tôt se formera à son métier d'acteur de cinéma.

> Noël à Londres, autrefois, quand je tirais le diable par la queue pour avoir six pence qui me permettraient d'aller au spectacle de Drury Lane voir *Jack et le Haricot magique*, *Le Chat botté* ou *Cendrillon*... Je regardais les clowns faire leurs pantomimes en retenant mon souffle. C'étaient des types adroits. Il y avait Montgomery, Laffin, Feefe, Brough, Cameron — tous des interprètes de grande classe. Chacun de leurs mouvements s'imprimait dans mon cerveau comme une photographie. Rentré chez moi, j'essayais de tout refaire[7].

Le livre de Gibbs *The New Man* illustre aussi une dimension souvent ignorée de la vie de Chaplin. Certes, Chaplin est un homme à femmes mais il est aussi un homme qui se dit par les femmes. Pendant tout le début de sa vie, Chaplin s'enferme dans un tête-à-tête avec une mère réduite à la misère et dérivant aux frontières de la folie. En outre, comme on l'a vu, il se substitue à elle en chantant à sa place. Il est l'homme qui vit une multiplicité d'aventures féminines comme si les femmes étaient pour lui un moyen de se reconquérir et de se connaître. C'est encore plus vrai dans ses films. Chaplin se dit aussi à travers les personnages féminins de *L'Opinion publique* à *La Comtesse de Hong Kong*, rejouant ainsi la scène fondatrice qui le pousse à interpréter le rôle de sa mère privée de voix. C'est que le cinéma est pour Chaplin l'espace de construction de soi dans et par la fiction, le lieu d'édification d'un mythe personnel au sens que le critique Charles Mauron[8] donne à cette expression. Voilà pourquoi la présence obsédante de Hannah est au début et à la fin de la vie de Chaplin tout comme au début et à la fin de son œuvre d'acteur et de réalisateur.

Une enfance de misère

Le mardi 16 avril 1889 vient au jour Charles Spencer Chaplin dans East Lane, à Walworth, un quartier de Londres. En cette époque victorienne, Londres cherche à se divertir et à s'amuser. Le music-hall est en plein développement. Dès 1886, Londres possède trente-six music-halls. De nombreuses vedettes brillent sur les planches et attirent les vocations. Les parents de Chaplin, Charles Chaplin senior et son épouse Hannah Hill, qui sont eux-mêmes artistes, sans que l'on sache à quelle date et pourquoi tous deux se sont lancés dans ce type de métier, se produisent dans des cabarets de second ordre. Sa mère, Hannah, est issue d'une famille modeste. Son père, Charles Hill, venu d'Irlande, répare les talons de chaussures tandis que son épouse, Mary Ann Hill, les raccommode. Lorsque Hannah rencontre Charles Chaplin, elle a déjà un premier enfant. C'est, en effet, une jeune femme très séduisante qui attire tous les regards et suscite toutes les convoitises. Elle ne tarde pas à tomber enceinte. Toute sa vie, elle racontera qu'elle était partie en Afrique du

Sud avec un riche bookmaker du nom de Hawkes, sans que l'on ait jamais pu vérifier la vérité de cette assertion. Le 16 mars 1885, elle a donné naissance à un garçon auquel elle offre le prénom de Sydney John et qui a été déclaré de père inconnu. Mais, quatre mois plus tard, Hannah épouse Charles Chaplin senior qui se présente comme « chanteur professionnel » et semble avoir vécu régulièrement dans la maison de Joseph Hodges, épicier au détail, située 57 Brandon Street, où elle a accouché.

Hannah et Charles se produisent dans de petites salles de province, « entre les vins et les spiritueux », comme on le dit à l'époque, le nom des artistes précédant sur le programme le tarif des consommations. Charles senior qui, selon Hannah, a une ressemblance marquée avec Napoléon, chante des chansons mettant en scène des personnages quotidiens qui trouvent beaucoup d'écho auprès du public. Hannah, quant à elle, a pour nom de scène Lily Harley, possède un agent et une de ces cartes professionnelles que la presse spécialisée anglaise publie régulièrement. Sur la troisième carte qu'elle fait paraître est inscrite la mention suivante :

Artiste raffinée et talentueuse
Lily Harley
Félicitée par propriétaires, public, presse
Nombreuses critiques chaque semaine
Joli succès au Scotia Glasgow
Cherche quelques bonnes chansons. Agent : F. Albert[1].

Hannah est alors au comble de sa beauté, ainsi décrite par Chaplin, dans son autobiographie : « C'était une mignonne créature [...] avec un teint clair, des yeux bleus violets et de longs cheveux châtain clair sur lesquels elle pouvait s'asseoir[2]. » Peu après la naissance de Charles, la famille déménage dans un appartement plus grand à West Square, sur St Georges'Road, dans le quartier de Lambeth situé au sud de Londres. C'est une période où Charles Chaplin senior connaît un certain succès au point que, durant l'été 1890, il part en tournée en Amérique.

Cette période marque les jours heureux de Chaplin. Elle est aussi la matrice du génie chaplinien : la rencontre entre une enfance urbaine et l'art naissant du cinéma qui est lui-même un art urbain, né dans la ville, filmant la ville qui offre le lieu et la forme du mouvement. Il faut lire Chaplin pour deviner à travers ses souvenirs d'une enfance passée dans le quartier de Lambeth l'empreinte esthétique qui caractérisera de grands films tels que *Les Lumières de la ville* (1931) :

C'était là le Londres de mon enfance, le Londres de mes rêves et de mes désillusions : je me souviens de Lambeth au printemps ; de menus incidents et de détails sans importance ; de trajets avec ma mère sur l'impériale d'un omnibus à chevaux où j'essayais de toucher en passant les lilas ; de nombreux tickets d'omnibus de toutes les couleurs, orange, bleus, roses et verts qui jonchaient le trottoir aux arrêts des trams et des omnibus ; des fleuristes rubicondes au coin de Westminster Bridge, confectionnant de gaies boutonnières, leurs doigts habiles manipulant le papier d'argent et la fougère tremblante ; je me souviens de l'odeur humide de roses fraîchement arrosées qui m'emplissait d'une vague tristesse, de dimanches mélancoliques et de parents aux visages pâles avec leurs enfants agitant des moulins à vent en miniature et des ballons colorés sur le pont de Westminster ; et aussi des petits bateaux-mouches qui abaissaient doucement leurs cheminées pour glisser dessous. C'est de tous ces détails, je crois, que mon âme s'est faite[3].

Hannah et Charles vont cependant bientôt se séparer. Hannah a rencontré un nouveau compagnon, Leo Dryden, qu'elle épouse rapidement. Dryden est un chanteur trentenaire de music-hall portant beau qui, après une période d'anonymat, enchaîne des succès tels que *Miner's Dream Home, The Mimer's Return, India's Reply, Bravo, Dublin Fusiliers*… Neuf mois plus tard, le 31 août 1892, Hannah met au monde le fruit de leurs amours, un petit garçon, George Dryden Wheeler. Ainsi Charlie se trouve-t-il pourvu d'un nouveau demi-frère.

Le couple de Hannah et Leo ne va durer que quelques années. Les relations se tendent rapidement entre les deux époux. Un jour de printemps 1893, Leo déboule dans l'appartement de Hannah et enlève George à peine âgé de six mois. Charlie et Sydney ne retrouveront ce demi-frère que trente ans plus tard. Cette rupture semble avoir causé de graves dégâts psychologiques chez Hannah et va provoquer la dégringolade sociale de la famille Chaplin. Hannah, dont la voix est de plus en plus défaillante, a du mal à décrocher des contrats et doit sans cesse déménager dans des appartements de plus en plus exigus situés dans des quartiers de plus en plus sinistres. Privée de soutien financier, Hannah tente de gagner un peu d'argent en gardant des enfants en bas âge. Elle se tourne vers la religion où elle puise un certain réconfort spirituel et fait aussi de la couture pour les membres de la congrégation de l'Église du Christ. C'est durant cette période qu'après avoir réussi, malgré tout, à se faire engager au Canteen, elle est définitivement trahie par sa voix et remplacée par son fils.

La vie est difficile mais Hannah tente d'éclairer le quotidien de ses enfants en leur procurant de petits plaisirs : elle leur donne des harengs fumés au petit déjeuner, interprète pour eux seuls des chants et des danses... Souvent aussi, elle leur raconte des anecdotes, voire des scènes historiques et les mime, telle la scène où Napoléon, surpris par le maréchal Ney en train de se hisser sur les talons pour prendre un livre dans sa bibliothèque, répond à celui-ci, qui s'est malencontreusement exclamé : « Sire, permettez-moi de le prendre pour vous. Je suis plus grand. » : « Plus grand ? Tu veux dire plus haut ! »

Hannah compte dans la vie de Chaplin : elle est non seulement la mère et l'archétype de toutes les femmes mais elle est aussi l'actrice dont il reprendra à l'infini le rôle sur scène dans ses films, l'initiatrice qui est à l'origine de son art, selon son propre aveu :

> Si cela n'avait été pour ma mère, je doute que j'aurai eu du succès dans la pantomime. Elle était l'une des plus grandes

artistes de pantomime que j'ai jamais vues. Elle s'asseyait pendant des heures à la fenêtre pour observer les gens et illustrait ce qu'elle voyait avec ses yeux et l'expression de son visage. Et elle prodiguait un feu roulant de commentaires. C'est en l'écoutant et en la regardant que j'ai appris non seulement à exprimer mes émotions avec mes mains et mon visage, mais aussi à observer et étudier les gens[4].

La situation financière de la petite famille ne cesse de se dégrader mais la vie réserve des miracles. Un jour, Sydney rapporte triomphalement une bourse perdue par un voyageur dans l'un de ces omnibus où il essaie de vendre des journaux pour améliorer le quotidien. Hannah s'en saisit et déverse le contenu de celle-ci sur le lit : la bourse laisse échapper une abondante monnaie mais aussi sept souverains d'or. Pour quelque temps, le quotidien de la famille va se trouver amélioré : Hannah habille ses deux enfants de pied en cap de vêtements neufs et les emmène en vacances à Southend-on-Sea. « Quelle journée ce fut ! La plage couleur safran, avec ses seaux d'enfants roses et bleus et ses pelles de bois, ses tentes et ses parasols colorés, ses petits bateaux bondissant gaiement par-dessus des vaguelettes rieuses et sur la grève d'autres bateaux nonchalamment appuyés sur le flanc, sentant l'algue et le goudron ; je conserve de tout cela un souvenir enchanté[5]. »

Lors du sixième anniversaire de Charlie, Hannah, qui souffre de plus en plus souvent de violents maux de tête, tombe malade et doit être hospitalisée au dispensaire de Lambeth jusqu'au mois de juillet. Sydney est pris en charge par l'école de

Norwood West où l'on s'occupe des enfants pauvres de ce quartier avant d'être confié à son beau-père, Charles Chaplin senior. Charlie, quant à lui, déménage au 164 York Road, dans la maison de John George Hodges, le fils de Joseph Hodges, chez qui Hannah avait accouché. Il est inscrit à l'école d'Addington Road où il ne reste pas plus d'une semaine. Charlie Chaplin est un autodidacte qui, pendant toute son enfance et son adolescence, n'aura jamais bénéficié d'une véritable scolarité.

Hannah ayant été hospitalisée à nouveau, les deux frères, transportés dans une charrette de boulanger qui leur permet de découvrir la campagne environnante, sont envoyés dans un centre d'accueil, puis placés à l'école de Hanwell pour les orphelins et les enfants abandonnés, située à une vingtaine de kilomètres de Londres. Mais, les deux frères sont bientôt séparés, Sydney étant aiguillé vers les grandes classes, Charlie vers les petites. Ce dernier, qui a alors six ans, vit très douloureusement cette séparation. C'est pourtant lors de cette période qu'il va entamer quelques études, apprendre à écrire son nom : « Chaplin ». « Le mot me fascinait et je trouvais qu'il me ressemblait[6]. »

Dans son autobiographie, Chaplin évoque longuement l'atmosphère triste de l'école, la sévérité qui y régnait, décrivant les séances de punition à coups de verges qui avaient lieu le vendredi matin devant les élèves réunis dans le gymnase. Charlie sera lui-même victime d'une de ces punitions, accusé à tort d'avoir mis le feu aux toilettes. Orgueilleux, il se fera un devoir de ne pas laisser échapper un cri lorsque les coups de verges lui transperceront le corps de douleur au point de lui couper la respiration.

L'injustice, les châtiments corporels, la solitude, la misère, voilà des expériences qui façonnent une mémoire, mais aussi une vision du monde qu'exprimeront les films de Chaplin. Sydney, dans ce dénuement, veille toutefois sur son petit frère, lui faisant passer des parts de nourriture supplémentaire ce que lui permet son emploi aux cuisines de l'école. Mais bientôt cette protection va disparaître car Sydney, en novembre 1896, s'engage dans la marine et s'embarque sur le vieux navire-école *Exmouth*. Celui-ci sert à l'entraînement au service en mer des « garçons pauvres à la charge des paroisses métropolitaines et des Unions[7] » qui apprennent à son bord le matelotage, le canonnage, l'art des premiers soins.

Les deux garçons demeurent séparés l'un de l'autre tout au long de l'année 1897. Le dénuement de Charlie est alors total car son père, malgré les relances de l'administration, refuse de s'acquitter des sommes dues à l'Assistance publique pour son fils. C'est semble-t-il le demi-frère de son père, Spencer, qui finit par régler les quarante-quatre livres exigées. Les deux enfants sont finalement remis à leur père qui se décharge de sa responsabilité sur leur mère.

Le 18 janvier 1898, Charlie, après avoir été pensionnaire à Hanwell pendant dix-huit mois, rejoint sa mère qui habite dans une chambre derrière Kennington Park. Il est suivi par Sydney deux jours plus tard. S'ensuit, par manque d'argent, une période continue de déménagements qui finit par ramener les deux frères à l'hospice. Charlie et Sydney sont cette fois envoyés à l'école de Norwood qui est encore plus sinistre que Hanwell. C'est lors de ce séjour que leur mère doit être hospitalisée à l'asile d'aliénés de Cane Hill. Une semaine après son internement, les deux frères sont à nouveau confiés à leur père qui demeure dans une belle maison avec jardin au 289 Kennington Road, à Londres. Charles Chaplin senior occupe deux chambres du premier étage en compagnie d'une femme prénommée « Louise » et de leur fils de quatre ans. Louise, qui s'adonne à la boisson, se montre volontiers menaçante et se dispute souvent avec son compagnon. Les deux frères vont habiter deux mois chez leur père mais, comme ils l'avoueront plus tard, ce séjour, entrecoupé de cris et de disputes, leur semblera particulièrement long.

Hannah, qui a des périodes de rémission, finit par sortir de l'asile le 12 décembre 1898. Elle récupère aussitôt ses deux fils. Tous trois s'installent dans une petite chambre située au 39 Methley Street dont l'unique fenêtre ouvre sur une usine de saumure emplissant l'air d'une odeur acide de vinaigre. Pour Chaplin, la misère est la matrice de l'art. Elle offre des scènes qui conjuguent le tragique et le comique, tel l'abattage d'un mouton qui dégénère en une poursuite effrénée :

> Je garde toutefois de cette période le souvenir d'un incident. Au bout de notre rue, il y avait un abattoir et les moutons pas-

saient devant notre maison pour s'y rendre. Je me rappelle que l'un d'eux s'échappa et s'enfuit dans la rue, à la joie des badauds. Les uns essayèrent de l'attraper, d'autres trébuchèrent. Je riais de voir la bête sauter et s'affoler en bêlant, tant cela semblait comique. Mais quand on l'eut attrapée et ramenée vers l'abattoir, la réalité de cette tragédie m'accabla et je me précipitai dans la chambre en sanglotant et en criant à ma mère : « Ils vont le tuer ! Ils vont le tuer ! » Je me souvins pendant des jours de cet après-midi de printemps et de cette poursuite comique ; et je me demande si cet épisode ne contenait pas en germe mes futurs films : la combinaison du tragique et du comique[8].

Hannah reprend ses travaux de couture pour gagner quelque argent tandis que Sydney a trouvé un emploi de porteur de télégrammes au Strand Post Office. Charlie, quant à lui, suit l'enseignement de l'école de Kennington mais ne s'y sent ni heureux ni motivé. Ici comme ailleurs, la formation qui assomme l'enfant de connaissances stérilise toute créativité comme Chaplin s'en plaindra lui-même. Son intérêt ne s'éveille enfin que lorsqu'un spectacle de théâtre intitulé *Cendrillon* est joué à l'école : c'est un acteur-né. Ainsi, lorsqu'il passe de classe en classe pour jouer un monologue « le chat de Miss Priscilla », copié par sa mère à travers la vitrine d'une librairie, il remporte un franc succès dans toute l'école.

De fait, la vie de Charlie, qui quitte l'école de Kennington le 25 novembre 1898, va bientôt basculer tout entière dans le théâtre. Son père, sans doute persuadé des capacités artistiques de son jeune garçon, a pour connaissance William Jackson, qui dirige la troupe des « Huit Gars du Lancashire ». Celui-ci, ancien instituteur dans le Lancashire, est le père de trois garçons et d'une fille qui, tous, font partie de la troupe. Catholique pratiquant, remarié, il présente tous les signes de la respectabilité. Hannah accepte sans difficulté de lui confier son fils qui aura ainsi le gîte et le couvert assurés. En outre, le fait même d'appartenir à une troupe n'est pas incompatible avec la possibilité de recevoir une éducation car Mr Jackson envoie chaque fois que cela est possible les enfants de sa petite troupe à l'école de la ville où celle-ci fait arrêt.

Premiers pas sur les planches

L'initiation à une nouvelle vie commence. Pendant plusieurs semaines, Charlie, qui est désormais âgé d'un peu plus de huit ans, apprend à faire des claquettes. Il découvre les affres de l'artiste : il éprouve un sentiment de trac qu'il mettra du temps à surmonter chaque fois qu'il doit monter sur les planches. Il s'exerce également, intuitivement, précocement, à façonner le personnage qui l'exprime le mieux : *the Tramp*.

> Ma première envie de faire autre chose que danser me poussait vers le comique. Mon idéal était un numéro à deux, deux garçons costumés en vagabonds de comédie. J'en parlai à un autre garçon et nous décidâmes de nous associer. Cela devint notre rêve à tous les deux. Nous nous appellerions « Bristol et Chaplin, les vagabonds millionnaires », nous arborerions des favoris de clochards et de gros diamants au doigt[1].

Charlie est doué pour le comique : il imite avec bonheur l'acteur Bransby Williams dans des improvisations qui éblouissent les autres membres de la troupe. Surtout, il est soumis à la rude mais enrichissante école du music-hall qui exige méthode, technique, discipline. En cette fin du XIXᵉ siècle, le music-hall anglais est à son apogée, de grandes salles s'ouvrent dans les villes qui attirent toujours plus de spectateurs. Comme l'écrit Georges Sadoul : « Pour comprendre le music-hall anglais de 1900, il faut penser à nos vieux cafés-concerts. Dans les Îles britanniques, les chanteurs tenaient une place plus restreinte que dans nos programmes. On leur préférait le plus souvent, acrobates, danseurs, jongleurs, animaux savants, comédiens et clowns. Pas un faubourg londonien, pas une cité manufacturière du Lancashire, pas une mine du pays de Galles qui n'eût alors son music-hall[2]. »

Le public, s'il est toujours plus nombreux, est aussi toujours plus exigeant. Un acteur de music-hall doit savoir l'accrocher, le séduire et en un bref laps de temps sous peine d'être impitoyablement chassé hors de la scène par des cris et des sifflets. Technicité et créativité se marient. Si certains chanteurs incarnent toujours à la scène le même personnage, d'autres, tel le père de Charlie, en créent de nouveaux à chaque chanson inédite.

La première vraie apparition de Charlie sur une scène semble avoir eu lieu au Royal Theatre de Manchester lors d'une pantomime jouée par toute la troupe à partir de la veille de Noël. Charlie fait aussi partie du spectacle *Cendrillon* qui a lieu à l'Hippodrome, un nouveau bâtiment londonien édifié par l'imprésario Edward Moss à la gloire du cirque. C'est un palais de marbre, décoré de mosaïques et de dorures dont le centre est occupé par une arène qui contient 450 000 litres d'eau et peut se convertir, grâce à des plates-formes, en un espace de jeu sec. Spectacles de variétés, numéros de cirque et jeux aquatiques se combinent en un spectacle unique. En outre, lorsque sont présentés des numéros de dressage d'animaux, des grilles se dressent automatiquement autour de l'arène. L'Hippodrome de Londres offre ainsi une forme de spectacle total qui contribue aussi à la formation d'un jeune acteur tel que Charlie.

Cendrillon demeure à l'affiche de Noël 1900 jusqu'au 13 avril 1901 et est l'exemple d'une des représentations à grand spectacle qu'offre le music-hall anglais de l'époque. En première partie, *Cendrillon* est un ballet qui comprend onze numéros de music-hall : numéros de présentation de phoques et de lions de mer, numéros équestres, de trapézistes et d'acrobates comiques, troupe de danseurs russes, « Phono-Bio-Tableaux » de Gibbon qui vise à combiner le son et l'image animée et anticipe le cinéma parlant. Le spectacle de *Cendrillon* proprement dit combine cinq scènes et un dispositif aquatique. Les Gars du Lancashire jouent les chats et les chiens lors de la scène intitulée « La Cuisine du baron ». Charlie joue en compagnie du grand clown français Marcelin : celui-ci recule devant un chien, tombe sur Charlie qui fait mine, le dos bombé, de laper du lait. Lors d'une séance, se lançant dans une improvisation, Charlie abandonne le rôle qui lui était dévolu, se met à renifler comme un chien puis fait semblant de lever la patte pour uriner à la grande fureur du censeur royal qui interdit toute répétition de ce gag pour atteinte aux bonnes mœurs.

Il est difficile de cerner avec précision le jeu d'influences qui façonne un grand artiste. Dans la mesure même où Chaplin consacre un long passage dans son autobiographie au clown Marcelin, il y a peu de doutes que celui-ci n'ait joué un rôle dans la genèse de l'imaginaire que déploie tout grand comique. Le jeu de scène de Marcelin s'appuie sur une symétrie entre l'homme et l'animal qui produit un effet de caricature et que l'on retrouvera dans plusieurs films de Chaplin, tel *Une vie de chien* (1918). Dans l'un de ses numéros, par exemple, Marcelin déboule sur scène, en habit mal coupé et haut-de-forme, s'assoit sur un pliant et déploie une canne à pêche à l'hameçon de laquelle est accrochée une rivière de diamants pour finir par appâter un petit caniche savant qui copie tous ses gestes.

Marcelin, s'il devient vite la coqueluche de Londres, finira sa vie dans l'oubli et la solitude, tel le personnage de Calvero interprété par Chaplin dans *Les Feux de la rampe* (1952). Il se suicidera en 1918, à New York. Le comique de Marcelin était fait de cette part de tragique qui nourrit l'effet comique né d'une inadaptation au monde.

Alors que Charlie joue dans *Cendrillon* à l'Hippodrome, son frère Sydney s'engage comme aide-steward et musicien d'orchestre à bord du *Norman*, un courrier vapeur à destination du Cap en Afrique du Sud. Grâce à l'avance sur salaire qu'il a reçue, Sydney installe sa mère et son demi-frère dans deux chambres sur Chester Street au-dessus de la boutique d'un barbier. Charlie, en effet, vient d'être renvoyé de la troupe des Huit Gars du Lancashire par Mr Jackson qui a peu apprécié de recevoir une lettre de Hannah l'accusant de laisser se dégrader la santé de son fils. Le 9 mai 1901, le père de Charlie meurt d'une cirrhose du foie et d'hydropisie. Il ne bénéficie d'un enterrement décent que grâce à son frère cadet, Albert, riche dandy possédant des élevages de chevaux au Transvaal, de passage à Londres.

La vie reprend son cours. Sydney multiplie les traversées en bateau à destination du Cap ou de New York en tant que steward. Désormais, Charlie, qui a abandonné définitivement l'école, cherche à gagner quelque argent en exerçant de petits boulots qui, eux aussi, façonnent l'imaginaire du vagabond. Il vend des fleurs près de Kennington Road, assiste un barbier, devient garçon de courses pour un droguiste, réceptionniste dans un cabinet de médecins, est engagé comme groom dans l'hôtel particulier de l'un de ces médecins. Il trouve aussi un travail chez l'imprimeur Stakers où, ayant menti sur son expérience, il est engagé pour actionner l'énorme presse Wharfedale qui mesure plus de six mètres de long. Il y a peu de doutes que cette expérience ne l'ait aidé à imaginer la machine des *Temps modernes*.

> Lorsque le contremaître m'amena auprès de la machine, elle se dressait devant moi comme un monstre. Pour la faire fonctionner, il me fallait monter sur une plate-forme à un mètre cinquante du sol et j'avais l'impression d'être en haut de la tour

Eiffel. [...] La chose se mit à rouler, avec des grincements et des grognements, je crus qu'elle allait me dévorer. Les feuilles de papier étaient énormes ; une seule aurait suffi à m'envelopper. Avec une raclette d'ivoire, je séparais les feuilles les prenant ensuite par les coins et les plaçant soigneusement contre les dents au moment où le monstre était prêt à s'en emparer, à les dévorer et à les restituer lorsqu'elles roulaient à l'autre extrémité[3].

Perché sur une boîte dans Petticoat Lane, Charlie fait aussi l'expérience de la fripe et de la brocante, vendant avec succès au plus offrant ses vieux habits ou des petits jouets fabriqués manuellement avec les moyens du bord. Charlie dira plus tard, en 1931 : « Si je devais tout perdre et ne pouvais plus travailler, je ferais des jouets[4]... » Le cinéma, à ses débuts, a partie liée avec l'esprit d'enfance. Méliès aussi, une fois sa carrière de réalisateur achevée, vendra des jouets, anonymement, gare Montparnasse...

En mai 1903, Hannah fait une rechute. Confondant la réalité et l'imaginaire, elle se lance dans des dialogues avec des personnes décédées. Le 5 mai, elle est emportée par une crise de folie et hospitalisée au dispensaire de Renfrew Road. Sydney revient en Angleterre le 9 mai. Dans l'attente de son retour, Charlie se lie d'amitié avec de jeunes garçons qui gagnent leur vie en coupant du bois. L'un d'eux l'invite à assister au poulailler du South London Music Hall de Lambeth au spectacle de Fred Karno, « Early Birds ». C'est là la première rencontre de Charlie avec une troupe qui va le conduire vers la célébrité.

La troupe Karno

Malgré les vicissitudes de la vie, tout en enchaînant les petits boulots, Charlie, à quatorze ans, vise un seul objectif : il veut devenir comédien. Aussi, passant outre sa timidité, il entre, un jour, dans l'agence théâtrale Blackmore de Bedford Street. À peine a-t-il franchi le seuil de celle-ci qu'il est paralysé par la foule bariolée des candidats des deux sexes qui se pressent pour obtenir un rôle. Il prend conscience, par contraste, de la misère de ses vêtements et de l'usure de ses chaussures. Il se cache dans un coin de la pièce, derrière la porte, et attend que s'écoule la foule jusqu'à ce qu'un jeune employé, dont la fonction semble être d'annoncer imperturbablement aux uns et aux autres : « Rien pour vous ! », finisse par le remarquer. En réponse à la demande timide de Charlie : « N'auriez-vous pas un rôle de jeune garçon ? », il inscrit l'apprenti comédien sur la liste des prétendants à un rôle et l'informe que si un engagement de ce type se présente, il sera prévenu.

Un mois plus tard, Charlie reçoit une carte postale le priant de se présenter à l'agence Blackmore. Il est reçu par Mr Blackmore en personne qui l'adresse à Mr C. E. Hamilton du théâtre Charles Frohman. Celui-ci engage aussitôt Charlie pour jouer le rôle de Billy, le petit groom de la pièce *Sherlock Holmes* de William E. Gillette, qui doit être jouée à partir d'octobre et faire l'objet d'une tournée de quarante semaines. La chance ne s'arrête pas là. Hamilton propose aussi à Charlie un rôle de jeune garçon dans la pièce *Jim, A romance of Cockayne*, de H. A. Saintsbury, l'acteur vedette de *Sherlock Holmes*.

Muni d'un billet d'introduction, Charlie se rend aussitôt au Green Room Club où Saintsbury passe une grande partie de son temps. Une sympathie naît aussitôt entre le jeune comédien et l'acteur confirmé. Charlie est engagé pour ce nouveau rôle et se voit confier le manuscrit de la pièce. Heureusement pour lui, il ne lui est pas demandé de lire ses répliques sur place car, du fait de sa scolarité chaotique, il a encore des difficultés pour lire. C'est Sydney qui lui lit le texte et lui fait répéter le rôle.

Cet engagement marque un tournant dans la vie de Chaplin comme celui-ci le remarque lui-même dans son autobiographie :

> Je compris que j'avais franchi une étape importante. Je n'étais plus un de ces personnages anonymes qui traînent dans les faubourgs ; j'appartenais au monde du théâtre. J'avais envie de pleurer[1].

Charlie, au contact de Saintsbury, perfectionne son jeu d'acteur. Dans *Jim, A romance of Cockayne*, jouée au Royal County Theatre de Kingston, à partir du 6 juillet 1903, il interprète donc le rôle de Sammy, un vendeur de journaux avec lequel un jeune aristocrate Royden Carstairs, qui a dégringolé l'échelle sociale, partage une chambre. C'est là un rôle d'importance dans une pièce au rythme ponctué de coups de théâtre qui permet au jeune Chaplin d'apprendre les techniques de la mise en scène mais aussi d'éprouver son talent :

> Ces premières répétitions furent pour moi une révélation. Elles me firent découvrir tout un monde de techniques. Je ne me doutais absolument pas qu'il existât une technique de la scène, du rythme, des temps à marquer, des répliques à donner, une façon de s'asseoir, mais tout cela me vint naturellement[2].

Si la pièce ne suscite pas l'enthousiasme de la critique, Charlie est pourtant remarqué par celle-ci. Le critique du *Topical Times*, après avoir éreinté la pièce, se livre à un éloge du jeu de Charlie qui, rétrospectivement, peut se lire comme un précoce adoubement :

> Pour racheter l'ensemble, il y a le personnage de Sammy, un vendeur de journaux, un sympathique gamin des rues de Londres, auquel on doit la plupart des effets comiques. Bien que rebattu et démodé, le rôle de Sammy devient extrêmement drôle grâce à Mr Charles Chaplin, un très jeune acteur dont je n'avais jamais entendu parler mais dont j'espère apprendre de grandes choses dans un futur proche[3].

La pièce est interprétée pour la dernière fois le 18 juillet 1903 au Grand Theatre de Fulham. Si celle-ci est un échec, elle consacre l'avènement d'un nouvel acteur, « Master Chaplin », dont le nom est mentionné pour la première fois dans le communiqué de presse diffusé par la compagnie théâtrale et repris par la critique.

Les répétitions de *Sherlock Holmes* se multiplient. La première de la pièce a lieu le 17 juillet 1903 au Pavilion Theatre, une immense salle dotée de 2 650 places. Elle rencontre un grand succès. Une seconde puis une troisième tournées sont organisées et Charlie réussit à faire engager Sydney dans le petit rôle d'un aristocrate étranger. Selon David Robinson, c'est lors de cette expérience que les frères Chaplin, qui possèdent un fort accent cockney, réussissent, à la faveur du style déclamé pratiqué au music-hall et dans le théâtre classique, à contenir et effacer celui-ci[4].

Charlie est confié aux soins de Mr et Mrs Tom Green, le menuisier et l'habilleuse, mais cet arrangement est vite rompu car le couple est un peu trop porté sur la bouteille. La troupe parcourt de long en large la Grande-Bretagne. Charlie découvre l'indigence des villes industrielles telles Sheffield, Manchester, Stockport, Sunderland ou Leeds qui offrent un paysage déshumanisé. Tout en polissant son art, Charlie aiguise aussi son regard. Élargissant sa propre expérience, il prend conscience de la misère universelle d'un monde qui composera le décor du vagabond. Avec son premier cachet, Charlie achète un appareil photo et, se livrant au rôle de photographe de rue à mi-temps, tire des portraits à trois et six pence. On peut avancer que cette modeste activité contribue, elle aussi, à affiner son regard de futur cinéaste et de futur comique.

Hannah, en période de rémission, sort de l'asile de Cane Hill le 2 janvier 1904 et rejoint ses deux fils, garnissant leurs chambres de fleurs, fidèle à son habitude de garder toujours un penny pour acheter un bouquet de giroflées même dans les périodes d'extrême pauvreté. La vie de Chaplin compose l'imaginaire de ses films : la marchande de fleurs aveugle des *Lumières de la ville* n'est pas sans évoquer cette mère qui sait embellir la misère d'une touche florale.

Charlie est réengagé pour jouer le rôle de Billy dans *Sherlock Holmes* au sein de la troupe du « Centre », une troupe du Nord et une troupe du Sud ayant été aussi formées pour couvrir la totalité de la Grande-Bretagne. Sydney, qui n'a pu trouver un nouvel engagement, embarque comme aide-steward et clairon à bord du *Dover Castle* à destination de l'Afrique du Sud. Au cours de cette période, Hannah rechute dans la maladie, est déclarée « démente » et doit être hospitalisée à Cane Hill. Elle ne retrouvera jamais la raison.

Harry Yorke, le gérant du Theatre Royal de Blackburn ayant racheté les droits de la pièce, impose sa propre troupe. Charlie, devenu le vétéran du spectacle, doit cependant accepter un salaire réduit, même s'il a désormais pour fonction de transmettre les indications de mise en scène élaborées par la compagnie Frohman. Les représentations se succèdent à Blackburn, Hull,

Dewsbury, Huddersfield, Liverpool. Un télégramme de Mr Postant vient interrompre cette monotonie. Mr Postant est l'imprésario de William Gillette, l'auteur de *Sherlock Holmes*, qui interprète aussi un rôle dans une autre de ses pièces, *Clarissa*. La pièce a été exécutée par la critique qui s'en est pris à la façon de s'exprimer de Gillette. En guise de riposte, celui-ci écrit un lever de rideau intitulé *La Triste Situation de Sherlock Holmes* dans lequel il ne prononce pas un mot. Gillette demande à Charlie d'interpréter le rôle de Billie en sa compagnie et celle d'Irene Vandbrugh qui joue le rôle d'une folle.

Cette fantaisie mineure peut paraître anecdotique. Pourtant, si on se penche sur son intrigue, on voit qu'à nouveau ce qui est mis en relief, c'est une même faillite du langage qui détermine l'attachement esthétique de Chaplin pour le muet tout en faisant écho à la perte de raison de Hannah. Le groom Billy tente d'éloigner une folle qui a fait irruption dans la chambre de Holmes et se lance dans un flot incohérent et ininterrompu de mots. Le langage se désagrège et l'être humain vacille en une folie qui est aussi le signe des temps. Holmes sonne la cloche et glisse un billet à Billy accouru aussitôt. Deux infirmiers déboulent peu après sur la scène et emportent la folle tandis que Billy prononce le dernier mot : « Vous aviez raison, monsieur, c'était bien cet asile-là. »

La petite fantaisie n'est représentée qu'une dizaine de jours, du 3 au 14 octobre 1905, mais cela est suffisant pour que Gillette remarque les talents d'acteur de Charlie. *Sherlock Holmes* reprend avec une nouvelle actrice dans le rôle de Mrs Faulkner, Marie Doro dont Charlie tombe éperdument amoureux. Aux côtés de Gillette, qui interprète à nouveau le rôle phare de Holmes, Charlie parfait son jeu d'acteur, apprenant à ne pas grimacer et dodeliner de la tête lorsqu'il parle. Il s'initie surtout à un jeu d'acteur qui est aux antipodes du jeu théâtral conventionnel, respectueux de règles préétablies, déclamatoire. Il cultive un jeu désinvolte qui illustre pourtant une attention portée au public dont l'adhésion doit être emportée.

Charlie accède peu à peu à une certaine notoriété : son nom apparaît dans la première édition du *Green Room Book or Who's who on the Stage*. Il abandonne définitivement le rôle de Billy en mars 1906 car il se sent de plus en plus à l'étroit dans un rôle théâtral si répétitif. Renouant avec la pantomime, il rejoint Sydney qui a réussi à se faire embaucher dans une troupe de mimes acrobates, la compagnie Wal Pink. Il interprète un petit rôle dans un sketch intitulé *Repairs* où il joue l'assistant maladroit d'un plombier. L'intrigue du sketch, représenté le 19 mars 1906 à l'hippodrome de Southampton, repose sur un comique de situation. Enlevant son béret vert à la demande de son patron, un jeune plombier perce un tuyau et s'asperge. En retour, le patron exaspéré jette par terre le couvre-chef coupable et le piétine frénétiquement.

Charlie intègre ensuite une nouvelle troupe, le Casey's Court Circus, où il imite des comiques célèbres de l'époque dont le Dr Bodie, illusionniste ventriloque qui proclame avoir guéri plus de neuf cents cas de paralysie jugés incurables et se produit sur scène vêtu d'une superbe redingote et coiffé d'un haut-de-forme en soie. Comme le rapporte Dan Lipton, un auteur de chansons comiques devenu l'ami de Charlie, « la manière dont il le parodiait était fantastique. Je vous dis qu'il n'avait jamais vu l'homme. Il portait seulement un vieil habit de soirée et un chapeau haut de forme et, en entrant sur scène, il se gonflait d'orgueil[5] ».

Ainsi, en retrouvant l'art de la pantomime, en travaillant son jeu d'acteur, Charlie, à son insu, se prépare à entrer dans l'univers cinématographique. C'est d'ailleurs à cette époque qu'il met au point le jeu de scène qui consiste à prendre un virage à quatre-vingt-dix degrés sur un seul pied et le rendra célèbre dans ses films.

Pourtant Charlie est peu conscient encore de son génie comique. Le théâtre n'est pour lui qu'un moyen précaire de subsistance. Il passe de troupe en troupe, au gré des engagements. Le 20 juillet 1907, Charlie quitte la troupe du Casey's Court Circus et demeure trois mois sans travail, menant une vie solitaire, ponctuée de beuveries et d'amours rapidement expédiés avec des filles faciles ou des prostituées. Il travaille en solo à préparer un numéro de comédien juif qu'il représente au Forester's Music Hall de Cambridge Road. Le numéro, pauvre en comique et, à l'insu de Chaplin, antisémite, se révèle un désastre et suscite les huées des spectateurs. Cet échec n'est pas sans importance dans la trajectoire de Chaplin. Dépité, Charlie va se lancer dans une autre voie.

Il s'essaie à la rédaction d'un sketch comique, *The Twelve Just Men*, puis, grâce à Sydney qui a intégré la compagnie de Fred Karno, les Silent Comedians, en juillet 1906, décroche une audition. Karno est alors une figure qui compte. Surnommé « le gouverneur », il a renouvelé l'art de la pantomime en la combinant avec celui des clowns tout en visant au spectaculaire. L'un de ses sketches, *Mumming Birds*, oblige ainsi à monter sur scène la réplique grandeur nature d'un véritable intérieur de théâtre. Karno est aussi un entrepreneur de spectacles qui voit grand : il crée plusieurs troupes qui sillonnent l'Angleterre et se déplacent à l'étranger, interprétant les sketches qu'il imagine à Londres. Deux troupes, dont fait partie Sydney, sont ainsi envoyées en Amérique.

Karno, grand professionnel du spectacle, est aussi un homme intraitable. Il accueille Chaplin avec scepticisme. Il voit en lui un jeune homme chétif qui ne correspond pas aux standards de la pantomime qui exige des acteurs vigoureux. Néanmoins, il lui donne sa chance et le laisse interpréter un sketch intitulé *Le Match de football*. Charlie doit interpréter le rôle d'un corrupteur qui tente d'influencer un gardien de but pour qu'il fasse perdre son équipe. La première a lieu en février 1908 au Coliseum de Londres. Charlie n'est plus un novice et, en acteur déjà rompu à l'improvisation, il pénètre sur scène le dos au public, coiffé d'un haut-de-forme, enveloppé dans un manteau de soie, incarnant la figure inquiétante du traître et du corrupteur. Puis, il pivote, se retourne brutalement et exhibe un visage sur lequel est fiché un nez rouge. Il se lance aussitôt dans une série de jeux de scène, trébuche, s'empêtre avec une canne qui heurte un sac de sable et le projette sur son visage, improvise des répliques... Les rires fusent, la salle s'enthousiasme. Karno est surpris, enchanté, bluffé. Charlie est aussitôt engagé et signe un contrat le 21 février 1908.

Charlie peaufine, au contact de Karno, l'apprentissage de son futur métier d'acteur de cinéma. L'intransigeance de Karno et son souci de surprendre le public vont marquer Chaplin qui fera siennes ces règles de metteur en scène. Il y a peu de doutes que le passage de Charlie dans la troupe Karno ne contribue aussi à façonner la poétique comique de Chaplin. Louis Delluc remarquera ainsi combien les spectacles Karno illustrent un comique éprouvé :

> Acrobatie, parodie, rire funèbre, mélancolie désopilante, danses, jongleries, tout cela uni et fondu sur un thème sobre... Ces contes farces ne sont pas drôles que par le flegme des interprètes, ou par les gifles, les coups de pied dans le derrière et les tartes à la crème... La farce anglaise a d'abord un rythme incroyable et surtout elle s'impose par la synthèse. Tout est dosé, ramassé, concentré. Tout frappe avec une sûreté de poing derrière laquelle il y a un boxeur grand style. Tout éclate comme un coup de canon inattendu[6].

Charlie et Sydney, grâce à leurs cachets respectifs, sont désormais davantage à l'aise financièrement. Ils louent un appartement sur Brixton Road qu'ils meublent en fouillant le bric-à-brac d'un brocanteur. « L'ensemble tenait du bureau de tabac mauresque et de la maison de rendez-vous française. Mais nous étions ravis[7]. »

L'été 1908 touche à sa fin. Charlie joue à l'Empire de Streatham avant d'interpréter le même rôle, le même soir, dans deux autres music-halls de Londres, le Canterbury Hall et le Tivoli. Une troupe de chanteurs et danseurs, les « Yankee Doodle Girls de Bert Coutts », se produit avant son spectacle. Charlie, depuis les coulisses, regarde le numéro. L'une des danseuses glisse sur scène, ce qui provoque le rire des autres. Une autre danseuse se tourne vers Charlie comme pour s'assurer que la scène l'amuse aussi. Leurs regards se croisent. Charlie, sous le charme, déploie tous ses efforts pour décrocher un rendez-vous avec la jeune fille.

Le dimanche suivant, vêtu d'un complet sombre et d'une cravate noire, une canne à la main, il fait les cent pas à Kennington Gate, attendant anxieusement l'arrivée de la jeune danseuse. Celle-ci, qui a pour nom Henrietta (Hetty) Florence Kelly, née en octobre 1893 à Bristol d'un père tapissier-décorateur et d'une mère installée à Londres, se destine aux métiers de la scène. Les minutes passent, les trams se succèdent, la jeune fille n'apparaît toujours pas. « Vais-je même la reconnaître ? » se demande Charlie car, après tout, il ne l'a jamais vue que maquillée. Enfin, une silhouette féminine descend d'un tram et se détache des autres passants. Coiffée d'un canotier, Hetty, élégamment vêtue d'une vareuse bleu marine, se dirige vers Charlie et, d'un ton volontaire, assène : « Me voilà ! » Charlie, subjugué, sans voix, invite la jeune fille à dîner au Trocadero mais la soirée est un échec car elle a déjà mangé. Charlie, énamouré, ne peut rien avaler non plus. Il finit par ramener Hetty chez elle et vient la chercher dès le lendemain matin pour l'accompagner à ses séances de répétition. Le même scénario se répète les deux jours suivants. Le jeudi, cependant, Hetty se montre distante et refuse de lui donner la main. Le vendredi, lorsqu'il vient la trouver à son domicile, c'est sa mère qui lui ouvre la porte et lui apprend que sa fille, revenue en larmes de leur rencontre, s'oppose à tout nouveau rendez-vous. Charlie multiplie les supplications et finit enfin par obtenir de voir Hetty, qui garde une attitude froide et distante. Charlie ne saura jamais quelles sont les raisons exactes de son revirement. Peut-être obéissait-elle à sa mère pour qui Charlie n'était pas un assez bon parti. Quoi qu'il en soit, Chaplin se souviendra toute sa vie de cette amourette éphémère.

À l'automne 1909, Charlie participe au spectacle Karno joué aux Folies-Bergère à Paris. Toute sa vie, Chaplin demeurera attaché à la France, qu'elle soit pour lui l'ancien berceau de sa famille venue se réfugier en Angleterre à l'époque des guerres de

Religion ou qu'elle représente le pays éclairé et tolérant qui saura toujours reconnaître son courage et son talent lorsqu'il sera le plus attaqué.

Charlie interprète le rôle de l'ivrogne dans *Mumming Birds*, un sketch qui développe une intrigue au second degré : le spectacle s'ouvre sur le décor d'un petit théâtre de music-hall possédant deux loges de chaque côté. Une ouvreuse introduit un petit garçon insupportable qui accompagne son oncle, un digne gentleman. Un ivrogne, introduit à son tour dans la loge d'à côté, enchaîne aussitôt une série de gags : il enlève un gant, renverse l'ouvreuse, fait mine à nouveau d'enlever son gant alors qu'il l'a déjà fait, tente d'allumer un cigare. Le petit garçon lui offre alors une allumette. Se penchant pour la saisir, l'ivrogne chute hors de la loge. Les gags s'enchaînent rapidement à la grande surprise des véritables spectateurs et l'illusion est telle qu'ils ne font pas la différence entre réalité et spectacle. Tel est déjà l'art de Charlie. Non seulement il met au point les gags efficaces mais, de manière plus essentielle, il fait du comique un jeu avec la réalité. Tel sera le vagabond, figure accomplie de l'ivrogne : le personnage qui dynamite la réalité pour mieux suggérer, par le comique, la mise en cause de l'humanité au XXe siècle. Il faut le redire : la pantomime est un moyen d'exprimer la condition d'un être devenu sans voix, privé de communication avec les autres et donc privé lui-même du moyen de vivre, privé de chemin et de direction, privé d'humanité. La pantomime, dans la mesure même aussi où son principal ressort est l'échec*, est la forme esthétique qui dit la condition métaphysique de l'homme du XXe siècle. Retrouver la voix, c'est renaître à une humanité plus accomplie mais ce ne peut être que lent, difficile, éprouvant. Et seul l'art est pour Chaplin la voie esthétique qui permet finalement de retrouver la voix.

Lorsque Karno lui annonce qu'il va remplacer sur la scène de l'Oxford, le plus grand music-hall de Londres, Harry Weldon dans *Le Match de football*, Charlie ajoute au personnage sa touche personnelle et décide de lui donner un accent de cockney, le faisant ainsi dégringoler dans l'échelle sociale. Ainsi, peu à peu, le personnage typé du traître qu'il interprétait, coiffé d'un haut-de-forme et affublé d'une redingote, selon les codes théâtraux de l'époque, se métamorphose. Le vagabond se dessine derrière la figure théâtrale du traître.

Brisé par l'émotion que suscite en lui une telle promotion, Charlie perd la voix, comme sa mère sur la scène du théâtre Canteen à Aldershot. À son tour, il doit être remplacé par une doublure. La psychanalyse est porteuse de sens : Charlie est privé de voix car il a, désormais, définitivement trouvé sa voie : celle d'incarner les sans-voix. Le personnage du traître de comédie se métamorphose en vaga-

---

* « À l'école où Charles Chaplin faisait ses classes, le principal ressort comique était l'échec. Les comiques Karno, Sisyphes modernes, regardaient avec une burlesque consternation rouler un rocher que leurs efforts passionnés et patients avaient presque hissé au sommet d'une pente. Le pianiste obstiné sentait le piano se disloquer sous ses doigts. La cantatrice obèse se préparait cérémonieusement à un grand air d'opéra sans qu'un son pût jamais sortir de son gosier. Le cambrioleur maladroit alertait lui-même la police en brisant la vaisselle et les meubles. Et l'inévitable pochard sortait vaincu de ses duels avec les escaliers et les becs de gaz. » (Georges Sadoul, *Charlie Chaplin, op. cit.*, p. 22.)

bond tandis que Charlie se métamorphose en Chaplin, l'acteur-réalisateur qui va incarner le cinéma comique au XXᵉ siècle.

Au printemps 1909, Charlie récupère le rôle, le joue en province puis, finalement, à l'Oxford.

En avril 1910, il devient la vedette d'un nouveau sketch, *Jimmy, l'intrépide*, qu'il avait d'abord refusé, le rôle ayant été assuré, de ce fait, par un autre grand comique, Stanley Jefferson, le futur Stan Laurel qui, avec le gros Oliver Hardy, composera le duo célèbre de Laurel et Hardy. Charlie incarne Jimmy, un jeune homme qui s'évade de sa misérable existence en se rêvant intrépide aventurier. Un tel personnage compose l'autre face du *tramp*, sa face rêveuse, qui vient contrebalancer sa dimension asociale, parfois cynique et sournoise.

Peu à peu Charlie accède à une vraie notoriété car il est remarqué par les critiques : le 23 juillet 1910, par exemple, le *Yorkshire Evening Post* lui consacre un article, significativement intitulé « Un acteur qui monte ». Il est engagé dans l'une des troupes Karno qui, sous la direction d'Alf Reeves, se prépare à faire une tournée en Amérique. La petite troupe, composée de quatorze comédiens, s'embarque à Southampton sur un cargo chargé aussi de bétail, le *Cairnrona*, et voyage dans des conditions difficiles et précaires. Charlie partage, pendant les deux semaines que dure la traversée, le sort de ces émigrants dépourvus de tout, venus des ghettos d'Europe centrale, des campagnes d'Irlande ou d'Italie du Sud. Pour les comédiens de la troupe Karno comme pour tous ces miséreux, l'Amérique, en ce début de XXᵉ siècle, constitue un phare de l'humanité, elle incarne l'espoir de revivre et de faire fortune. Mais, à travers cette expérience d'empathie avec ces émigrants rejetés par l'Europe, Charlie donne une dimension plus universelle au futur personnage de Charlot qui sera la figure de l'exclu, du vagabond dans le monde. Comme le rapporte Georges Sadoul : « Charles Chaplin se sentait chez lui à bord du *Cairnrona*. La population de cette tour de Babel flottante ne différait de la population de Lambeth que par leur langage ou certains traits ethniques. Les comédiens fraternisaient avec les émigrants, organisaient de joyeuses parties et des farces. Un jour Charles Chaplin sema la panique, puis les rires parmi les femmes et les enfants. Il avait fait irruption dans l'entrepont déguisé en Indien et brandissant un couteau de cuisine[8]... »

Après avoir débarqué au Québec, la troupe s'installe à New York le 3 octobre 1910 pour se livrer à des représentations au Colonial Theatre. Le sketch *The Wow-Wow or a Night in a London Secret Society*, qui met en scène les occupants d'un camping créant une société secrète pour se venger d'Archie, le grippe-sou, est un désastre. Les critiques américains, tel celui de *Variety*, repèrent cependant Charlie qui sauve le spectacle du naufrage total : « Chaplin fera son chemin en Amérique, mais il est navrant qu'il n'ait pas accompli ses débuts new-yorkais avec quelque chose de plus consistant[9]. »

Charlie découvre l'Amérique. À New York, il

habite dans un immeuble de la 43ᵉ Rue, au cœur de Manhattan. Mais New York n'est pas Londres : la ville s'élance vers le futur, parcourue d'une énergie naissante qui galvanise ses habitants et promet toutes les ascensions sociales. Au début, elle déconcerte Charlie, peu accoutumé à vivre au quotidien à un rythme trépidant. Mais, peu à peu, il devine ce qui motive ce rythme : l'appel de l'aventure individuelle, la vie exaltée en aventure :

> Dans la douceur de la nuit, mon attitude se modifia et je commençai à comprendre l'Amérique : les gratte-ciel, les lumières gaies et étincelantes, les extraordinaires enseignes lumineuses m'emplirent soudain d'espoir et d'un sens de l'aventure. Voilà ! me dis-je, c'est ici qu'est ma place[10] !

À la suite de la tournée Karno qui dure vingt-deux semaines, Charlie traverse le pays d'est en ouest et visite les autres grandes villes américaines : Chicago, Saint Louis, Minneapolis, Saint Paul, Kansas City, Denver, Seattle, Portland, San Francisco, Los Angeles. C'est lors de cette tournée, dans ce pays neuf qui invite aux métamorphoses, que Charlie se transforme définitivement en Chaplin, changeant ainsi d'identité sociale. Il devient un autre homme, il est un acteur dont l'imaginaire va s'incarner dans un nouveau monde qui laisse toute leur place aux rêves. L'exclu du quartier de Lambeth se métamorphose en un acteur qui va compter. Le témoignage de Stan Laurel, qui partage la chambre de Charlie, est riche de sens et souligne cette métamorphose :

> Durant la tournée, Chaplin et moi partagions la même chambre, et je dois dire qu'il me fascinait. Des gens, depuis, ont parlé de la manière dont il était devenu excentrique. Mais, excentrique, il l'était déjà, toujours d'humeur changeante et d'apparence plutôt modeste. Tout à coup, il nous stupéfiait en se mettant sur son trente-et-un. Il semblait éprouver de temps à autre le besoin irrésistible d'être le plus élégant possible. À ces moments-là, il portait un chapeau melon (très cher), des gants, un costume chic, un manteau fantaisie, des chaussures à boutons tricolores, et il avait une canne[11].

Chaplin s'essaie à jouer le nouveau rôle de lui-même. Une autre fois, après s'être laissé pousser les cheveux, s'être coiffé d'un chapeau au bord rabattu, il déambule dans la rue, un violon à la main. Charlie devenu Chaplin ne se déguise pas, il s'éprouve et s'invente. Il tâtonne car on ne trouve pas si facilement, si directement, le chemin de soi-même. Mais dans cette invention hésitante de soi, Chaplin, car c'est désormais ainsi qu'il faut le nommer, suggère cette invisible fêlure de lui-même qui, en écho à la fêlure qui affecte l'humanité du XXe siècle, détermine le personnage de Charlot.

Que Chaplin s'invente définitivement en Amérique est aussi prouvé par sa boulimie de lectures, remarquée par tous les témoins de l'époque. Chaplin, lorsqu'il a un moment de libre, écume les bouquinistes. Ce besoin de lectures ne vise pas seulement à combler le manque de culture produit par une éducation malmenée et vite interrompue, il n'est pas seulement la boulimie d'un autodidacte. Il répond au désir de se construire et s'inventer dans un pays qui invite à une nouvelle naissance. Lors de son deuxième séjour aux États-Unis, Chaplin lit, par exemple, les essais d'Emerson ou *Le Monde comme volonté et comme représentation* de Schopenhauer, les textes de Mark Twain, Edgar Poe, Nathaniel Hawthorne, voire des grammaires latines.

Cette invention de soi passe aussi par la maturation de l'acteur. À l'Empress Theatre de San Francisco, le nom de Chaplin figure désormais seul pour la première fois sur une affiche sans mention de Karno. Chaplin joue un sketch qui, de son propre aveu, a tout pour être ennuyeux, *Les Hous-hous*, mais, devant ses facéties et jeux de scène, la salle hurle de rire. Un grand comique est né aux yeux de tous.

Les signes prophétiques, qui annoncent l'avènement du grand acteur que va être Chaplin, se multiplient : ainsi il raconte que lorsqu'il jouait à New York, deux couples seraient entrés par hasard pour assister au spectacle. L'un des hommes se serait exclamé : « Si jamais je deviens quelqu'un, voilà un type que je prendrai sous contrat[12]. » Cet inconnu a pour nom Mack Sennett, il est le futur patron de la compagnie de films Keystone où Chaplin fera ses débuts d'acteur de cinéma. Le destin est en marche, qui sourit aussi aux artistes. Chaplin raconte d'ailleurs que la veille de son départ de San Francisco, une voyante lui aurait prédit : « Vous ferez une carrière extraordinaire, mais je ne sais pas ce que c'est[13]. »

Malgré ces bons augures, Chaplin doit réembarquer le 2 octobre 1912 à destination de l'Europe, la tournée Karno ayant pris fin. Son frère, qui s'est marié avec une actrice de la troupe Karno, Minnie Constance, a quitté leur appartement de Glenshaw Mansions. Chaplin se retrouve donc seul alors que sa mère est toujours hospitalisée à l'asile. Il décide de repartir pour faire une nouvelle tournée en Amérique. Mais celle-ci n'a plus l'attrait de la nouveauté. Bientôt, Chaplin s'ennuie, se décourageant à faire les mêmes choses, à demeurer confiné dans des spectacles de music-hall qui restent très en deçà de son potentiel.

Naissance de Charlot

Comment devient-on Charlot ? Chaplin enfile les représentations dans les music-halls des faubourgs de Chicago, Philadelphie, Fall River… Bénéficiant d'une semaine de congé alors qu'il se trouve à Philadelphie, il éprouve le besoin de jouer le rôle d'un autre lui-même. Il décide de se rendre à New York, de claquer en une fois ses économies pour mieux oublier sa vie monotone. Il prend une chambre à l'hôtel Astor, après s'être acheté quelques habits et une superbe valise, s'étourdissant au passage du luxe de ce grand hôtel rempli de dorures. Puis, il va dîner dans la vaste salle à manger du palace où un ballet de serveurs attentifs s'empresse autour de lui. Il va assister ensuite à une représentation de *Tannhäuser* donnée au Metropolitan Opera et interprétée en allemand. Au bout d'une journée, Chaplin, enfin rassasié par tout ce luxe, revient à Philadelphie. Lorsqu'il retourne au théâtre, on lui annonce qu'il a reçu un télégramme approximativement rédigé : « le télégramme disait : "Y a-t-il dans votre troupe un nommé Chaffin ou quelque chose comme ça.

Stop. Si oui qu'il se mette en contact avec Kessel et Bauman, 24, Longacre Building Broadway[1]." »

Chaplin revient aussitôt à New York, pensant que Kessel et Bauman sont des avocats qui vont l'informer d'un héritage car il croit avoir une riche et vieille tante aux États-Unis. D'ailleurs, à l'adresse indiquée, sont logés de nombreux cabinets d'avocats. Il n'en est rien. Kessel et Bauman sont, en fait, des producteurs de cinéma, propriétaires de la société Keystone. Ils expliquent à Chaplin que Mack Sennett, qui l'a vu jouer le rôle de l'ivrogne à l'American Music Hall, souhaite l'engager pour remplacer Ford Sterling. Sennett aimerait que Chaplin puisse interpréter deux ou trois films par semaine. Chaplin est d'abord troublé par cette proposition, hésite un peu car le cinéma est un univers inconnu de lui :

> J'avais souvent caressé l'idée de travailler dans le cinéma, j'avais même proposé de m'associer avec Reeves, notre administrateur, pour acheter les droits de tous les sketchs de Karno afin d'en faire des films. Mais Reeves s'était montré sceptique, et à juste titre, car nous ne connaissions rien à la mise en scène[2].

Pourtant, Chaplin est moins étranger qu'il ne le croit à la culture cinématographique. Non seulement, la pantomime le destine au septième art, mais il est fasciné par Max Linder, le grand comique qui, à partir de 1910, incarne au cinéma le personnage de Max, type français du séducteur et du dandy traversant les plus excentriques aventures pour conquérir une fiancée volage. Max est un personnage burlesque, au marivaudage subtil, à mille lieues des personnages de gros comique de la troupe Karno. Il est la première star internationale du cinéma. Il y aura aussi du Max dans Charlot ; tous deux possèdent une même subtilité de sentiment où se révèle une humanité à fleur de peau.

Chaplin est, en outre, à cette époque, un spectateur assidu des premiers films projetés dans les salles. En compagnie d'autres membres de la troupe Karno, il se rend régulièrement dans de petits cinémas populaires qu'on appelle alors Nickelodeons et qui sont essentiellement fréquentés par les émigrants. Il lui arrive de créer le spectacle dans la salle et, lors de scènes d'amour, d'imiter la voix du jeune homme et de la jeune fille, transformant ainsi les films muets en films parlants. Ce spectacle improvisé, qui provoque aussi bien les applaudissements que les injures des autres spectateurs, se termine invariablement par l'arrivée d'un employé qui somme Chaplin de décamper. Les Nickelodeons sont alimentés par un très grand nombre de films produits par des sociétés telles que la Keystone dont le premier film *Cohen à Coney Island* a été produit quinze jours avant la première arrivée de Chaplin en Amérique. Aux yeux de Chaplin, le comique des films Keystone est souvent grossier et il se demande s'il réussira en tant qu'acteur de cinéma. Après tout, il gagne déjà bien sa vie. Adam Kessel insiste cependant car il ne veut pas renoncer à une prise telle que

Chaplin. Il offre à ce dernier un salaire de 150 dollars par semaine et un engagement d'un an. Chaplin finit par accepter. Après tout, une telle proposition est susceptible de lui assurer une fructueuse notoriété. « Je n'étais pas enthousiasmé par les comédies du style Keystone, mais je me rendais compte de leur valeur en tant que moyen de publicité : un an de ce régime et je pourrais retourner au music-hall comme vedette internationale[3]. »

En novembre 1913, Chaplin commence à travailler pour la Keystone, le contrat étant finalisé au mois de décembre. Il suit encore la troupe Karno dans quelques villes et donne sa dernière représentation à Kansas City, le 28 novembre 1913.

Chaplin part ensuite à Los Angeles pour travailler dans les studios Keystone sous la direction de Mack Sennett. Celui-ci, canadien d'origine irlandaise, acteur déçu, avait fini par trouver du travail dans la Biograph Company, l'une des premières compagnies de cinéma que, quelques mois auparavant, avait rejoint le grand réalisateur David Wark Griffith. Sennett, après s'être formé au contact de Griffith, était devenu le principal metteur en scène de la Biograph, dirigeant entre mars 1911 et juillet 1912 plus de quatre-vingts petits films. Il avait ensuite pris la direction de la Keystone, fondée au cours de l'été 1912. Sennett est un autodidacte intelligent, brutal, exigeant avec les acteurs, sachant filmer des comédies au rythme rapide où s'enchaînent les jeux de scène. Le dynamisme du montage devient bientôt la marque de fabrique de la jeune société. La technique cinématographique est simple : la mise en scène ne doit laisser aucun répit au spectateur.

Mais les films Keystone, s'ils recourent à un comique venu du cirque et du vaudeville, ont aussi une valeur réaliste : ils montrent l'Amérique du début du XXe siècle, aux immeubles miteux et aux chambres sordides, aux rues poussiéreuses parcourues par quelques automobiles et des passants pressés où viennent parfois se mêler vagabonds dépourvus de chemin et de destinée, enfants perdus et chiens errants.

À son arrivée à Los Angeles au début du mois de décembre, Chaplin loue une chambre dans un petit hôtel, le Great Northern, près du théâtre où il a joué avec la troupe Karno, l'Empress Theatre. Le premier soir, il y rencontre par hasard son nouveau patron, Mack Sennett, accompagné de Mabel Normand. Lorsqu'il aperçoit Chaplin pour la première fois, Sennett ne peut dissimuler sa surprise d'avoir face à lui un si jeune acteur, que le maquillage faisait apparaître plus vieux.

Dès le lendemain, Chaplin se met en route pour le studio, situé à Edendale, un quartier déshérité, couvert de dépôts de ferrailles et de scieries. Le studio lui-même, situé à l'emplacement d'une ancienne ferme, occupe une superficie d'une centaine de mètres carrés et est entouré d'une palissade verte. Une cabane sert de loge pour les femmes, tandis que les hommes, souvent anciens clowns ou boxeurs, utilisent un vestiaire situé en face, l'espace central étant occupé par une scène surmontée d'une toile blanche qui sert à capter et diffuser la lumière du soleil. Lorsque, tout à coup, il aperçoit des acteurs en pleine conversation qui sortent du bungalow, Chaplin, subitement paralysé par la timidité, n'ose pas s'avancer et, rebroussant chemin, s'enfuit à son hôtel. La même scène se répète le lendemain et le surlendemain. Sennett, inquiet de l'absence de Chaplin, téléphone à son hôtel. Seul cet appel téléphonique décidera Chaplin à franchir enfin la porte du studio où s'offre à lui un spectacle inédit. Sur trois plateaux juxtaposés, trois troupes travaillent en même temps et jouent des bribes de scènes, interrompues à chaque fois par un clap de fin. Chaplin découvre ainsi l'une des techniques essentielles du cinéma : « Je ne me doutais pas qu'on faisait des films ainsi, par morceaux[4]. »

Sennett prend aussitôt Chaplin à part pour lui expliquer ses méthodes de travail : l'absence de scénario, l'improvisation à partir d'une idée-force qui impose un déroulement logique des événements et un final qui est toujours une poursuite. C'est là un comique qui relève du genre du *slapstick*, du « coup de bâton » et prend sa source dans le jeu de la commedia dell'arte.

Cette explication décuple l'inquiétude de Chaplin qui ne se reconnaît pas dans une technique brutale, improvisée, à l'opposé des sketchs de Karno qui reposent sur une perfection comique.

Chaplin traîne dans le studio jusqu'au mois de janvier, observe le jeu des acteurs, apprend ce qui doit l'être : savoir jouer un bout de scène, demeurer dans le champ de la caméra, prendre en compte les lignes de vision de façon à ce que l'angle d'un regard sur un plan s'harmonise avec le plan suivant où figure la personne ou l'objet regardés.

Enfin, le 5 janvier 1914, sous la direction du comédien-metteur en scène Henry Lehrman, ancien conducteur d'autobus reconverti dans le cinéma, Chaplin tourne son premier film, *Pour gagner sa vie* (*Making a Living*) sur le plateau du studio et dans le jardin d'une maison voisine. Chaplin, coiffé d'un haut-de-forme, vêtu d'une redingote grise, arborant une fière moustache et un monocle inquisiteur, joue le rôle d'un escroc sans le sou. Le personnage courtise avec assiduité la fille d'une honorable famille. Par ses manières distinguées, il séduit aussi la mère, une grosse femme au cou entouré d'un boa à plumes dont le torse est à l'étroit dans le fourreau serré d'une robe du soir. Survient le fiancé de la jeune fille qui dénonce l'escroc, ayant lui-même été sa dupe. L'imposteur n'est pas décontenancé pour autant et se fait embaucher comme journaliste. Voleur de scoop, il dérobe la photographie d'un accident à un rival reporter interprété par Henry Lehrman. S'engage aussitôt une poursuite concluant le film, comme il est de coutume dans les productions Keystone, avec passage dans la chambre à coucher d'une dame et irruption d'un train lancé à grande vitesse.

Chaplin déteste d'autant plus le film qu'il découvre que ses gags ont été supprimés au montage. Son jugement sur Lehrman sera sans concession : il néglige l'apport du jeu d'acteur, fait du rire l'élément d'une mécanique attendue et non pas le résultat d'une poétique de l'invention. « Lehrman était un fat, très conscient du fait qu'il avait réalisé quelques brillants sketches au comique très mécanique : il affirmait volontiers qu'il n'avait pas besoin de personnalités, qu'il faisait rire grâce à des effets mécaniques et grâce au montage[5]. » Lehrman est peut-être un fat, il est surtout un réalisateur jaloux des performances de Chaplin qui crève déjà l'écran et efface la réalisation. Si le personnage de Charlot ne se laisse pas encore vraiment deviner dans le film, Chaplin, par son interprétation, donne du relief au personnage de l'escroc. « L'acteur incisif qui joue le rôle de l'escroc […] est un comédien de premier plan[6] », écrira la critique.

Il ne faut pas longtemps, cependant, pour que le personnage de Charlot fasse son apparition dans les films Keystone. Charlot surgit dès le lendemain, lors du tournage du second film de Chaplin, *L'Étrange Aventure de Mabel* (*Mabel's Strange Predicament*). La naissance d'un personnage confine souvent à la légende. Il semble que la panoplie du vagabond ait été imaginée par Chaplin lors d'un après-midi pluvieux dans la loge des comédiens de la Keystone. Il aurait composé un personnage en jouant sur les contradictoires. Il s'affuble d'un pantalon large et enfile de grandes chaussures qui contrastent avec une veste étroite et un chapeau trop petit. Pour parfaire le tout, il arbore une petite moustache qui vieillit un visage très jeune. Est né le vagabond dont l'apparence, exhibant une opposition entre le haut et le bas, trahit la fracture intérieure. Charlot, dans son déguisement, montre la fracture qui est la sienne. Il nous montre qui nous sommes car le personnage incarne plusieurs facettes de l'humanité. Voilà ce que Chaplin, très conscient, dès le début, de la signification et des potentialités de son personnage, explique à Sennett :

> Vous comprenez, ce personnage a plusieurs facettes ; c'est en même temps un vagabond, un gentleman, un poète, un rêveur, un type esseulé, toujours épris de romanesque et d'aventure. Il voudrait vous faire croire qu'il est un savant, un musicien, un duc, un joueur de polo. Mais, il ne dédaigne pas ramasser des mégots ni chiper son sucre d'orge à un bébé. Et, bien sûr, si l'occasion s'en présente, il flanquera volontiers un coup de pied dans le derrière d'une dame... mais uniquement s'il est furieux[7].

La petite moustache, si elle illustre aussi la volonté de distinction du personnage, sa prétention à une élévation sociale, s'oppose au gros pantalon, aux grosses chaussures qui renvoient au bas corporel et enfoncent dans le lourd comique de la clownerie. La canne, qui devient un attribut de Charlot, assure la jointure des deux dimensions du personnage. Accessoire du dandy, elle peut se métamorphoser en un accessoire comique, ressource de clownerie. Elle est la baguette magique qui fait basculer incessamment le personnage d'une identité à l'autre :

L'idée de ma canne est peut-être ma trouvaille la plus heureuse. C'est ma canne qui m'a fait le plus rapidement connaître. J'en ai vite développé l'usage comique. Souvent, je la trouve accrochée à la jambe ou à l'épaule de quelqu'un et le public se met à rire sans que je me sois presque rendu compte de mon geste. Pour des millions d'individus, la canne classe un homme comme un dandy. Mais, je ne crois pas l'avoir complètement compris à l'époque de mes débuts[8].

Mais ce qui distingue aussi le personnage du vagabond qui, comme son nom l'indique, est en mouvement, c'est sa démarche. Le personnage tourne en pivotant sur une jambe, l'autre jambe demeurant tendue horizontalement avant de se précipiter dans la nouvelle direction. Peut-être celle-ci est-elle héritière de la gestuelle pratiquée dans les spectacles de la troupe Karno, en particulier par le comédien Walter Groves. Peut-être a-t-elle été inspirée à Chaplin, lors de sa jeunesse londonienne par le spectacle de la démarche d'un vieil ivrogne qui, à la sortie du pub, le Queen's head, hélait les fiacres.

Quoi qu'il en soit, comme le dit Chaplin lui-même, le personnage, par la force qui est la sienne, s'impose aussitôt à lui :

Je n'avais aucune idée du personnage que j'allais jouer. Mais dès l'instant où je fus habillé, les vêtements et le maquillage me firent sentir ce qu'il était. Je commençai à le découvrir et lorsque j'arrivai sur le plateau, il était créé de toutes pièces. J'étais dans la peau du personnage, j'avançai d'un pas avantageux en faisant des moulinets avec ma canne. Des gags, des idées comiques se pressaient dans ma tête[9].

Un personnage est né dont l'accoutrement demeura identique pendant plus de deux décennies, même si Chaplin travaillera à le parfaire tout au long de ses films. Par contre, celui-ci ne possédera un nom qu'une année plus tard, lorsque Chaplin aura quitté Sennett. Pour l'heure, la publicité Sennett ne le désigne que sous le sobriquet de Chas (diminutif anglo-saxon du terme *chase*, qui signifie poursuite et rappelle la marque de fabrique Keystone). C'est en 1915 que Chaplin adopte le prénom de Charlie, que le distributeur français Jacques Haïk traduit par Charlot.

Sennett assure la réalisation de *L'Étrange Aventure de Mabel* car, comme le titre l'indique, celle-ci en est la vedette principale. D'origine française, Mabel, après avoir travaillé comme modèle dans un atelier de confection à Manhattan, puis pour des dessinateurs, avait en 1910, sur les conseils d'une amie, tenté sa chance dans le cinéma. Elle est d'abord embauchée à la Biograph où elle rencontre Mack Sennett dont elle devient la maîtresse. Douée pour le cinéma, elle confère une présence aux rôles qu'elle interprète à l'écran, ce qui décide Sennett à en faire la star de la Keystone. Le film recourt à la marque de fabrique des comédies Keystone : un couloir permettant des chassés-croisés entre des chambres d'hôtel et un rythme rapide.

L'intrigue est simple. Chaplin entre dans un hôtel passablement ivre, se prend dans la laisse du chien de Mabel, tente de séduire les femmes qui passent, retrouve Mabel en chemise de nuit à l'étage, fermée à l'extérieur de sa chambre, la poursuit, obligeant celle-ci à se réfugier dans une autre chambre que la sienne. Charlot joue ainsi le perturbateur, non seulement entre le mari et l'épouse qui découvre la jeune femme, mais aussi entre celle-ci et son soupirant qui la trouve dans une autre chambre. Bouc émissaire de comédie, il reçoit au passage la plupart des coups qui ne lui sont pas destinés. Lors de la scène dans le hall de l'hôtel où il enfile les gags, acteurs et techniciens, aimantés par la puissance comique qui s'en dégage, s'agglutinent sur le plateau pour suivre le tournage. Formant un public improvisé, ils font fuser des rires qui rassurent Chaplin sur son art. Sennett lui-même est séduit, bluffé.

Mais c'est un troisième film, *Charlot est content de lui*, tourné à Venice, qui illustre l'apparition véritable du personnage de Charlot au cinéma. Chaplin joue le rôle d'un trublion qui tente à tout prix de se placer dans le champ de la caméra pour apparaître dans le film qui est en train d'être tourné. L'intrigue a valeur symbolique : elle suggère la naissance d'un personnage qui, jouant de sa canne, grimaçant devant la caméra, déploie tous ses efforts pour émerger à l'écran. Ce film nous renseigne sur l'esthétique comique de Chaplin et sa relation à son personnage : Charlot est en devenir et, de film en film, évolue, se métamorphose au point de disparaître lorsqu'il a finalement accédé à la parole. Le cinéma est une forme de vie. Chaplin crée un personnage qui, double et prolongement de lui-même, lui offre une existence de substitution dans le registre de la fiction. C'est là quelque chose de radicalement inédit, un trait du génie de Chaplin : faire d'une nouvelle forme d'art, le cinéma, un moyen de se dire, de se montrer, de s'inventer soi-même. Ce n'est pas seulement Charlot qui, par son habillement et sa conduite, est double et contradictoire. C'est aussi Chaplin lui-même qui, à travers Charlot, se dédouble et se nie. En d'autres termes, Charlot est l'avatar de Chaplin et le cinéma sera pour ce dernier un moyen de tisser une relation tout à fait inédite de complémentarité et de substitution avec un double artificiel. Dans la poétique de Chaplin, les identités se démultiplient en de nombreuses contradictions, suggérant les brisures nouvelles de l'humanité.

Le film *Charlot est content de lui* dit aussi la naissance d'une nouvelle esthétique comique qui se confond avec le personnage, tout en conservant le registre traditionnel de la vitesse, des poursuites, et peut avoir des accents autobiographiques. L'affrontement entre Charlot et le réalisateur actionnant la caméra n'est pas sans rappeler les altercations qui ne cessent d'opposer Chaplin et Lehrman.

Au cours de l'année 1914, Chaplin tourne trente-cinq comédies. Il use d'un comique qui détruit les certitudes et les valeurs sociales. Chas Chaplin est paresseux, gourmand, envieux, lubrique, avare, colérique, lâche comme en témoignent des films tels que *Mabel au volant*, *Un béguin de Charlot*, *Charlot garde-malade*.

Après avoir joué sous la direction de Lehrman, avec lequel les relations ne cessent de se dégrader, Chaplin se voit attribuer par Sennett un nouveau metteur en scène, George Nichols. Les relations de Chaplin avec celui-ci ne sont pas meilleures. Sennett doit d'ailleurs assurer lui-même la mise en scène du film *Charlot fait du cinéma*. Il commet cependant l'erreur de faire de Mabel, avec laquelle Chaplin s'entend pourtant bien, la réalisatrice du film *Mabel au volant*. Le tournage dégénère rapidement, Chaplin acceptant fort mal de jouer sous la direction d'une jeune femme bien moins expérimentée que lui qui, en outre, refuse toutes ses suggestions. Mabel interprète l'amie d'un coureur automobile kidnappé par Chas qui, empruntant la voiture de celui-ci, gagne la course. Dans la scène où Chas jette de l'eau sur la piste pour empêcher Mabel de reprendre la course, Chaplin propose de reprendre le gag éprouvé de l'arroseur arrosé venu tout droit des frères Lumière. Mabel refuse net cette suggestion. En guise de protestation, Chaplin s'arrête aussitôt de jouer et s'assoit sur le bord de la route. Sennett est furieux, l'équipe de tournage conspue Chaplin et prend fait et cause pour Mabel, le désordre est rapidement à son comble sur le plateau et le film semble tourner à la catastrophe. Chaplin s'attend au pire. Pourtant, le lendemain Mabel et Sennett arrivent tout sourires. Le succès commercial arrange bien des choses, en effet.

Chaplin ne le sait pas encore mais les commandes pour les films où il joue ne cessent d'affluer auprès du directeur de la Keystone. Ordre vient d'être donné de faire toujours plus de films avec Chaplin. Le tournage de *Mabel au volant* reprend donc sous la direction de Sennett.

Chaplin profite, cependant, de l'occasion pour demander à devenir son propre réalisateur. Dans son autobiographie, il précise d'ailleurs que le premier film qu'il réalise lui-même est *Charlot est encombrant* (*Caught in the Rain*). Jusqu'à la fin de son contrat à la Keystone, Chaplin va désormais mettre en scène tous ses films : *Charlot et le Chronomètre*, *Charlot et le Mannequin*, *Charlot dentiste*, *Charlot garçon de théâtre*, *Charlot peintre*, *Charlot garde-malade*, *Charlot et Mabel aux courses*, *Charlot et Mabel en promenade,* par exemple. Au cœur de cette production, *Le Roman comique de Charlot et Lolotte* qui rassemble Mabel, Chaplin et Marie Dressler, la star comique de l'époque, est, du fait de sa longueur (90 minutes), la première comédie de long métrage de l'histoire du cinéma. Lorsqu'il sort en salle le 14 novembre 1914, le film rencontre un énorme succès.

Durant son séjour à la Keystone, Chaplin est beaucoup moins solitaire que lors des tournées Karno. Il s'entend bien avec Sennett avec lequel il dîne tous les soirs. À la fin de chaque dure journée de tournage, il prend un verre avec le reste de l'équipe à l'Alexandria Bar. En compagnie d'acteurs et de techniciens, il fréquente souvent les matchs de boxe pour lesquels il se prend d'une véritable passion et qui nourrissent l'intrigue de certains de ses films. C'est que, comme le remarquera Chaplin lui-même, un studio de cinéma est alors une grande famille qui partage un même projet : réaliser un film en une semaine, un long métrage en deux ou trois semaines grâce à la lumière du jour que le soleil de Californie diffuse neuf mois par an.

Dans le trente-cinquième film consacré à Charlot, *Charlot roi*, inspiré par la découverte de l'homme de Piltdown, Chas est déguisé en homme préhistorique coiffé d'un chapeau melon. Il est Weakchin, l'homme des cavernes, qui entame un flirt avec la favorite du harem du roi Lowbrow. Celui-ci surprend Chas, le frappe à la tête avec une grosse pierre. Chas se réveille et s'aperçoit qu'il rêvait. Le retour à la réalité est lui-même brutal. Chas n'est qu'un chômeur affalé sur un banc dont la matraque d'un policier frotte les côtes. L'intrigue du film, jouant sur les contradictoires, produit un retournement de situation et fait passer du rêve à la réalité, du rêve de puissance au constat d'une situation de déshérence sociale. Inversement, peu à peu, la célébrité de Chaplin grandit. Car si Chas est un anti-héros, il est un anti-héros que, dans la rue, les gamins américains férus de cinéma se mettent à imiter. Chaplin écrit à son frère Sydney dans une lettre du 9 août 1914 :

> Eh bien, Sid, ça marche pour moi. Tous les cinémas mettent mon nom en grosses lettres, c.a.d : « Chas Chaplin ici ce jour. » Je t'assure que dans ce pays, je suis une grosse vedette au box-

office. Tous les managers me disent que je reçois chaque jour cinquante lettres d'hommes et de femmes de tous les coins du monde. C'est merveilleux comme je suis devenu populaire en si peu de temps[10].

Les années Essanay et Mutual

Chaplin, conscient de sa popularité, devient financièrement exigeant. Lorsque Sennett lui demande quelles sont ses conditions pour renouveler son contrat à la Keystone, il réclame 1 000 dollars par semaine. Sennett est abasourdi. Il obtient cependant de Kessel et Bauman que Chaplin reçoive dès à présent 500 dollars, puis 700 l'année suivante et 1 500 la troisième année. Chaplin réplique en demandant qu'il soit procédé à l'inverse et que, dès maintenant, la compagnie lui verse 1 500 dollars. Sennett, outré, crie à la folie.

À la fin de 1914, Chaplin quitte donc la Keystone. Il reçoit un émissaire de la Essanay Film Manufacturing Company de Chicago fondée par K Spoor et GM Anderson, d'où le sigle (S & A). Spoor a d'abord été exploitant de salles à Chicago, Anderson, lui, a tourné son premier grand rôle en 1903 dans le film *The Great Train Robbery* et est devenu, sous le nom de Bronco Billy, le premier cow-boy vedette du cinéma américain. Voilà pourquoi lorsque Spoor et Anderson ont fondé en 1907 la compagnie Essanay, ils ont pris pour emblème la tête d'Indien qui orne les pièces de un cent. Un an plus tard, Anderson se lance dans la production de films consacrés à Bronco Billy, dont il est aussi le principal acteur.

Anderson conclut avec Chaplin un contrat selon lequel il recevra 1 250 dollars par semaine et une prime de 10 000 dollars à la signature. Mais le contrat est signé à l'insu de Spoor qui, lorsqu'il l'apprend, rechigne à payer une telle somme bien supérieure à ce que reçoivent les acteurs à l'époque. Fuyant ses responsabilités, il disparaît de Chicago.

Chaplin, après avoir visité en compagnie d'Anderson le petit studio de Niles que possède la Essanay à proximité de San Francisco, se rend, quant à lui, au studio de Chicago en décembre 1914. Il y découvre un esprit et des façons de faire très différents de la Keystone. La Essanay est, en effet, une usine qui produit les films à la chaîne, hors de toute préoccupation artistique. Il suffit pour s'en persuader de se fier au témoignage de Chaplin : « L'aspect administratif de la maison était impressionnant mais pas les films qu'elle produisait. Dans les étages, les divers services étaient séparés par des cloisons comme des guichets de caisse. On ne pouvait pas dire que cela incitait au travail créateur. À six heures même si un metteur en scène était au beau milieu du tournage d'une scène, on éteignait les lumières et chacun rentrait chez soi[1]. »

Si Chaplin accède désormais à une vraie notoriété de star, son succès peut donner matière à comédie. Spoor finit par revenir à Chicago. Alors qu'il déjeune dans un grand hôtel, il est félicité chaudement par les autres convives d'avoir engagé Chaplin. Surpris, ébranlé, il décide derechef de se livrer à un test susceptible de vérifier la popularité de Chaplin et la valeur de son investissement. Il demande à un chasseur de faire un appel dans le hall de l'hôtel : « On demande M. Charlie Chaplin. » À peine l'annonce est-elle faite que des bruits de chaise se font entendre, une agitation règne, un début d'attroupement se crée. La preuve est faite : Chaplin est un acteur d'avenir.

Le premier film tourné par Chaplin pour la Essanay a pour titre *Charlot débute*. Le film, qui met en scène un Charlot semant par ses maladresses le chaos dans un studio de cinéma, est à sa sortie, le 1er février 1915, un succès. Spoor, entretemps, s'est résolu à rencontrer Chaplin qui a touché sa prime. Les choses se sont remises en place mais Chaplin manifeste le désir de ne pas demeurer à Chicago et de tourner dans le studio de Niles.

Chaplin compose aussi sa propre équipe : il fait venir de Chicago Ben Turpin, clown acrobate aux yeux bigles, recrute un ancien de la troupe Karno, Billy Armstrong, et un acteur venu du théâtre anglais, Fred Goodwins. Mais il manque encore un actrice principale : ce sera Edna Purviance. Jolie blonde, ayant un peu touché au théâtre amateur, Edna est née le 21 octobre 1895. Son père est meunier, puis directeur d'un hôtel à Lovelock. Lorsque ses parents divorcent, elle demeure auprès de sa mère qui se remarie avec un homme d'origine allemande, gérant d'une entreprise de plomberie. Edna se présente sans succès à des concours de beauté, apprend la sténodactylo, devient la secrétaire d'un industriel de San Francisco. Chaplin recrute sans hésiter cette jeune femme au corps bien fait et au visage de Vénus de Milo dont il a entendu parler. Lors de leur premier rendez-vous, il est tombé sous son charme sans vraiment se demander si elle avait des dons de comédienne. Mais il va avoir l'occasion de vérifier bientôt le talent d'Edna. La veille du tournage de *Charlot fait la noce*, Chaplin organise une petite réception où la jeune femme est présente. Après le dîner, alors que les convives en sont venus à parler d'hypnotisme, Chaplin, sautant sur l'occasion, se vante de pouvoir hypnotiser qui il veut. Beau parleur, il finit par emporter la conviction de tout le monde sauf d'Edna qui lui lance le défi de l'hypnotiser. Pari tenu pour la somme de 10 dollars. La séance se met en place. Chaplin feint d'exécuter quelques passes magnétiques tout en regardant fixement Edna. Sans que personne ne s'en aperçoive, il lui susurre à l'oreille de faire semblant d'être hypnotisée. Edna se met alors à vaciller, manque de tomber et est rattrapée *in extremis* par Chaplin. L'assistance est vivement impressionnée. Edna a joué parfaitement le jeu, pas de doute, elle a prouvé qu'elle était une véritable actrice. De fait, elle deviendra, au cinéma tout comme dans la vie, la digne fiancée et compagne de Charlot. Pendant huit ans, Chaplin et elle tourneront ensemble trente-cinq films.

Au cours de l'année 1915, Chaplin réalise quinze films, obéissant cependant à un rythme moins rapide qu'à la Essanay. Il développe un style cinématographique qui donne une grande importance à l'emplacement de la caméra :

> Je découvris que l'emplacement de la caméra n'avait pas seulement un rôle psychologique mais que cela constituait l'articulation même d'une scène ; c'était, en fait, la base du style cinématographique[2].

Chaplin, désormais, écrit et met en scène toutes ses comédies. Il tourne, par exemple, *Charlot boxeur* où, une fois de plus, il témoigne de son amour de la boxe. Mais ce film est aussi un moyen d'imposer encore davantage le personnage du vagabond. Il s'ouvre sur une scène où le spectateur découvre Charlot assis sur le seuil d'une porte, en train de partager un hot dog avec son chien. Charlot décide ensuite de faire de la boxe pour gagner de quoi survivre. Mais, pour augmenter ses chances, il place à l'intérieur du gant de boxe un fer à cheval. Le match de boxe constitue le morceau de bravoure du film où, pendant six minutes, Charlot se livre sur le ring à un véritable ballet, terrassant un à un ses adversaires qui tombent dans les bras les uns des autres.

Bien évidemment, c'est le film intitulé *Le Vagabond* (*The Tramp*) qui apporte sa forme définitive au personnage de Charlot. Dans le film, il sauve la fille d'un fermier interprétée par Edna Purviance des griffes de malfrats patibulaires. Il tombe amoureux de la jeune fille qui lui préfère un jeune et beau fiancé. Charlot, désespéré, quitte la ferme et, dans un final passé à la postérité où s'accomplit la symbolique du personnage, il se dandine, sur une route déserte, tournant le dos à la caméra, les épaules d'abord voûtées, avant de se ressaisir et de reprendre une allure désinvolte.

Chaplin raconte ses histoires d'amour au cinéma, faites d'espoirs et de désillusions. Dans un autre de ses films, *Charlot à la banque*, il est le concierge d'une grande banque. Il est amoureux d'une jolie secrétaire, interprétée par Edna Purviance, qui, malheureusement, est éprise du caissier. Charlot rêve qu'il sauve Edna lors d'une attaque de la banque. Il caresse sa soyeuse chevelure qui, en un retour trivial à la réalité, s'avère n'être que le balai qui lui sert d'instrument de travail quotidien. Ce film est intéressant à plusieurs égards car il nous montre que, pour Chaplin, le cinéma est une magie qui métamorphose les situations réelles. Mais l'image cinématographique doit parfois s'effacer devant la réalité.

À la fin du film, Charlot, résigné à la réalité de son échec amoureux, passe devant Edna et le caissier, la tête haute, alors que tous deux se montrent indifférents à sa présence. Il jette par terre le bouquet de fleurs qu'il souhaitait offrir à Edna et que celle-ci a refusé. Le film s'achève donc sur un final qui n'est pas un *happy end*, ce qui est une nouveauté. Ainsi Chaplin apparaît plus nettement pour ce qu'il est : non pas un acteur comique produisant des films à la chaîne mais un artiste capable d'intégrer le tragique dans le comique, de faire du comique l'expression désenchantée d'une société, de créer un personnage complexe, résigné et plein d'espoir qui a nom Charlot, *the tramp*. Nadia Meflah l'écrit très justement :

> Auprès d'elle [Edna], il crée pour l'éternité son personnage de vagabond seul au monde, toujours abandonné par une belle qui ne l'aime pas et qui sait, d'une pirouette, d'un saut, se redresser et prendre la route vers de nouvelles aventures. L'iris se ferme au noir sur la petite silhouette ragaillardie[3].

Le 21 juin 1915 sort en salles le film intitulé *Charlot apprenti*. David Robinson estime que c'est « l'une des comédies les plus remarquables réalisées jusqu'à ce jour[4] » dont la facture est aussi originale que le fameux film de Griffith, *Naissance d'une nation*, sorti quatre mois auparavant. Lorsque Charlot et son patron viennent décorer l'intérieur d'une maison bourgeoise, ils créent à coups de pinceaux donnés dans tous les sens, de morceaux de tapisserie collés n'importe où, de bagarres successives, un pur désordre qui culmine dans le chaos général produit par l'explosion finale de la cuisinière. Le rire est une déflagration poétique qui métamorphose les choses mais aussi fait exploser les habitudes, les évidences, les préjugés et libère. Le comique a pour Chaplin la valeur d'une dénonciation sociale, ce dont témoigne l'une des scènes centrales du film : lorsqu'elle s'aperçoit qu'elle a laissé seuls les ouvriers dans son salon, la maîtresse de maison récupère ses bijoux à la hâte et les remise dans un coffre. En retour, les ouvriers ôtent leur montre, vident leurs poches et confient le tout à Charlot. Celui-ci, à son tour, glisse argent et montres dans sa poche droite qu'il referme avec une épingle de nourrice. Ce faux parallélisme dans la suspicion est évidemment une dénonciation impitoyable des préjugés de classe. Telles sont aussi l'originalité et la force des premiers films de Chaplin : la conjugaison, au cinéma, de la comédie et de la dénonciation politique.

C'est à cette époque que Chaplin tourne *Mamzelle Charlot*, où il se déguise en femme, ce qui déchaîne les foudres de la critique, le film étant taxé d'inconvenance et de grossièreté. Non seulement Charlot ne cesse de se métamorphoser, épousant tous les métiers, mais il peut passer d'un sexe à l'autre. Ce n'est pas là un simple travestissement mais bien plutôt un trait de vérité psychologique car Charlot n'en aura jamais fini avec sa mère, tout comme avec les autres femmes, au point de se métamorphoser finalement en un personnage féminin, *La Comtesse de Hong Kong* (1967), interprété par Sophia Loren, qui reprendra tous ses attributs comiques.

Dans le dernier film tourné pour la Essanay, *Charlot joue Carmen*, Chaplin parodie la monumentale et coûteuse *Carmen* mise en scène par Cecil B. DeMille qui connaît alors un grand succès à Hollywood. Le résultat est loin de satisfaire Chaplin, qui saisit les tribunaux pour empêcher la sortie du film. Il est débouté. La compagnie Essanay contre-attaque en demandant 500 000 dollars à Chaplin.

En 1915, la notoriété de Chaplin ne cesse de croître. Pour tout le studio, il est Charlot à plein temps, suscitant sympathie et amitié. C'est l'époque où il devient un héros de bande dessinée et le support de nombreux produits dérivés : poupées, jouets, chansons, etc., mais aussi la coqueluche d'artistes et intellectuels. En France, Picasso, Apollinaire, Max Jacob aussi bien que Fernand Léger, le critique Élie Faure ou le jeune Louis Aragon ne rateraient pour rien au monde une séance d'un film de Charlot.

À cette époque aussi se répand la rumeur selon laquelle Chaplin serait juif. Il ne semble pas que ce soit le cas, sa famille ayant pendant plusieurs générations pratiqué le culte anglican. Mais Chaplin, lorsqu'on l'interrogera sur ses origines, ne démentira que mollement les choses et, au contraire, témoignera toujours d'une grande admiration pour le peuple juif. En 1921, lors de son retour vers les États-Unis, il répond à une passagère :

> Tous les grands génies ont du sang juif. Non, je ne suis pas juif [...] mais je suis sûr de l'être un peu quelque part en moi. Du moins, je l'espère[5].

Et on sait que dans *Le Dictateur*, Chaplin interprétera le rôle d'un barbier juif en proie aux persécutions.

Les relations de Chaplin avec la Essanay étant définitivement compromises, il se retrouve, au cours de l'année 1916, sans maison de production. C'est son frère Sydney qui négocie avec une nouvelle compagnie, la Mutual, un contrat mirifique pour l'époque. Chaplin reçoit 10 000 dollars par semaine et une prime de 150 000 dollars à la signature du contrat. Ces sommes d'argent énormes illustrent l'avènement de l'économie industrielle du cinéma mais aussi l'apparition d'une nouvelle figure médiatique, la star de cinéma, dont la notoriété se mesure aux sommes reçues. La Mutual ne fera d'ailleurs pas une mauvaise affaire en engageant Chaplin. Les douze films qu'il va produire en dix-huit mois vont rapporter gros et multiplier par sept ou huit l'investissement initial.

Cette réussite de Chaplin par le cinéma nourrit aussi le mythe d'une Amérique qui permet toutes les aventures et toutes les réussites. L'univers naissant du cinéma offre l'espace inexploré d'une nouvelle frontière, d'un vaste continent de l'image qui double les chances de la vie. La notoriété de Chaplin ne cesse de grandir. En février 1916, lors d'un voyage en train qui le mène à New York où il doit signer son contrat avec la Mutual, Chaplin a la stupéfaction de voir la gare d'Amarillo pavoisée de drapeaux en son honneur tandis qu'une foule compacte se précipite sur son wagon lorsque le train s'immobilise. L'événement se reproduit à Kansas City et à Chicago. À New York, la foule venue accueillir Chaplin est tellement dense qu'il est obligé de débarquer du train à la gare de la 125e Rue plutôt qu'à Grand Central.

Lorsque Chaplin signe son contrat avec la

Mutual, la nouvelle défile sur le journal lumineux de l'immeuble du *Times* à Times Square, provoquant des attroupements. Chaplin, qui se promène anonymement au milieu de la foule, a peine à réaliser que c'est son nom qui s'affiche au sommet de l'un des immeubles les plus célèbres de New York. Une telle réussite renforce la dualité de Chaplin, devenu très riche mais soucieux de ne pas gaspiller son argent car il n'oublie pas l'univers de misère dont il vient. Chaplin n'est pas la star qui se perd en dépenses inutiles, en fastes futiles et excessifs. Comme le remarque David Robinson, « le mythe de la pingrerie de Chaplin est né à cette époque[6] », alors même que celui-ci, lors de ce séjour à New York, n'hésite pas à subventionner de manière généreuse un fonds d'aide aux acteurs.

Chaplin fait aussi au quotidien l'expérience de la dualité qui existe entre acteur et personnage. Lors du voyage de retour à Los Angeles, il fait halte à Chicago et se laisse convaincre de mimer son personnage devant un cinéma qui projette l'un de ses films. Mais sa prestation ne rencontre qu'un désintérêt absolu du public, qui ne l'a pas reconnu et le prend pour l'un des nombreux imitateurs de Charlot.

Chaplin officie désormais dans un nouveau studio, le Lone Star, qui ouvre le 27 mars 1916. Celui-ci possède le plus grand plateau de Californie, qui permet de construire des décors d'extérieur, telle la rue de *Charlot policeman*. Chaplin s'entoure de sa propre bande d'acteurs : Edna Purviance, bien sûr, mais aussi Leo White, Charlotte

Mineau, Lloyd Bacon, John Rand, Frank J. Coleman, James.T. Kelley. Il adjoint à la troupe le gros Eric Campbell, géant débonnaire que la magie du cinéma transforme en brute épaisse toujours prête à faire les pires misères à Charlot.

C'est durant cette période que Chaplin met définitivement au point sa méthode de tournage, héritière de son passage chez Sennett et de l'art théâtral qu'il utilisera jusqu'à la fin des années 1930. Cette méthode repose sur l'improvisation et consiste à inventer un film au jour le jour. Chaplin, lorsqu'il arrive sur le plateau, a en tête une idée, un thème, un décor, l'élément déclencheur d'une histoire. Au prix de répétitions harassantes, une intrigue se construit, chaque séquence tournée en appelant une autre. Une histoire se développe de cette façon à travers l'enchaînement chronologique des séquences. Ce type de tournage exige aussi bien de la part du réalisateur que des acteurs un investissement exigeant et épuisant.

Ainsi est produit le premier film tourné pour la Mutual, *Charlot, chef de rayon* qui, précisément, enfile les gags à partir d'un objet technique tel un escalier mécanique. C'est là un principe esthétique qui repose sur une poétique de la chose. Dans un autre film, *Charlot pompier*, la pompe à feu se métamorphose en percolateur qui permet de servir des cafés au lait chauds à tous les pompiers. De même dans *Charlot brocanteur*, le réveil apporté par un client impécunieux se métamorphose en cœur que Charlot ausculte avant de l'ouvrir au moyen d'un ouvre-boîte et d'en extirper toutes les pièces. Les rouages ainsi mis au jour se mettent alors à grouiller comme des asticots.

Dans *Charlot rentre tard*, Chaplin endosse le personnage de l'alcoolique mondain et se livre, pour la seule fois de sa carrière, à un *one man show* devant la caméra qui dure une demi-heure. Emporté par une ivresse devenue principe de magie noire, il métamorphose chaque détail du mobilier en figure de cauchemar : la table tournante lui dérobe son whisky, la peau d'ours s'anime pour le dévorer, les marches de l'escalier s'effondrent sous ses pas, la pendule tente de l'assommer et le lit-armoire entame avec lui une lutte endiablée. Dans l'esthétique des premiers films de Chaplin, le cinéma est, au sens propre, une magie qui anime les choses et submerge le personnage. C'est sous l'effet de cette étrangeté au monde et aux choses que le personnage de Charlot acquiert fondamentalement son identité de vagabond. Le *tramp* est la figure d'une étrangeté à un monde où les choses s'animent d'elles-mêmes, où, pour le dire autrement, la réalité, peuplée d'objets, devient artifice. André Bazin écrit ainsi :

> De même que la société ne l'intègre jamais provisoirement que par une sorte de malentendu, chaque fois que Charlot veut se servir d'un objet selon son mode utilitaire, c'est-à-dire social, ou bien il s'y prend avec une gaucherie ridicule (en particulier à table) ou bien ce sont les objets eux-mêmes qui se refusent, à la limite, volontairement[7].

Cette poétique de l'objet a un sens philosophique : Charlot est le personnage qui, en butte aux choses, en devient le jouet ou l'esclave, ainsi que le montrera le film *Les Temps modernes*. Si Charlot est un vagabond, c'est qu'il est inadapté à un monde de l'objet, un monde où les objets vivent par eux-mêmes, non seulement sous l'effet de la magie cinématographique mais plus largement sous l'effet de la magie technique. L'escalier mécanique de *Charlot chef de rayon*, qui déséquilibre Charlot, emporte celui-ci dans un ballet éperdu avec les choses. Il est ce dispositif technique dans lequel l'être humain se trouve pris. Danse et ballet sont alors, sous la caméra, la figure esthétique d'un enfermement moderne. Lorsque Nijinski visite le studio avec d'autres membres des Ballets russes et assiste au tournage de *Charlot fait une cure*, il s'exclamera d'ailleurs : « Votre comédie tient du ballet ; vous êtes un danseur[8]. »

Mais l'histoire perce sous le rire et finit par rattraper Chaplin. Celui-ci tourne ses premiers films dans un monde entré dans la Première Guerre mondiale. En mars 1916, un éditorial du *Daily Mail* s'en prend à une clause du contrat de la Mutual selon laquelle Chaplin, citoyen anglais, n'aurait pas le droit de retourner en Angleterre, échappant ainsi à la mobilisation. L'attaque est reprise par un éditorial du *Weekly Dispatch* en juin 1917 :

> Quoique frêle, Charles Chaplin tient solidement sur ses pieds, comme le prouvent ses acrobaties à l'écran. La manière dont il monte les escaliers laisse imaginer l'alacrité avec laquelle il s'élancerait à l'assaut au son du sifflet.

> Durant les trente-quatre mois de guerre, Charlot, comme l'ont calculé ses amis, a gagné plus de 125 000 livres. [...] Quoi qu'il en soit, le devoir de Chaplin est de se présenter devant le recrutement et de revendiquer fièrement ses origines. C'est l'exemple qui comptera et non pas la différence que cet engagement entraînera sur le terrain. Nous vaincrons sans Charlot mais (diront ses millions d'admirateurs) nous préférerions vaincre avec lui[9].

Chaplin réplique par un communiqué de presse indiquant qu'il est prêt à répondre à l'appel de son pays, qu'il s'est inscrit sur la liste d'enrôlement et n'a demandé nulle exemption, ce que confirme l'ambassade britannique, justifiant même sa position :

> Nous ne considérons pas Chaplin comme un déserteur tant que nous n'aurons pas reçu l'ordre d'appliquer la loi du service obligatoire sur le territoire des États-Unis [...]. Chaplin peut se porter volontaire n'importe quand mais il est d'une aussi grande utilité pour l'Angleterre qu'il gagne beaucoup d'argent et le consacre à l'effort de guerre plutôt que de servir dans les tranchées, particulièrement quand le besoin en hommes n'est pas pressant[10].

La campagne contre Chaplin ne cessera que lorsque celui-ci, pour couper court à toutes les attaques, se présentera devant un bureau de recrutement et sera réformé pour poids insuffisant. Les films de Chaplin, à leur façon, participent, quoi qu'il en soit, à l'effort de guerre. Les psychiatres militaires accordent une vertu curative aux films de Charlot qui sont projetés au plafond des hôpitaux militaires à destination des blessés incapables de bouger de leur lit.

Charlot patine, qui s'inspire du sketch de Karno, *Skating*, est le dernier film de l'année 1916. Chaplin a respecté le rythme qu'il s'était fixé : produire un film toutes les quatre semaines. Il engage un chauffeur japonais de vingt-huit ans, Toraichi Kono, pour conduire la Locomobile Standard qu'il vient d'acheter. Il modifie aussi son mode de vie : alors que jusque-là il dînait le soir avec Edna et l'équipe de tournage, il prend ses distances et organise des réceptions chez lui, invitant le gotha de l'époque : écrivains, dramaturges, acteurs, journalistes connus... C'est durant cette période, en effet, que Hollywood devient un foyer artistique et intellectuel où affluent des auteurs aussi célèbres que Somerset Maugham, Blasco Ibáñez, Edith Wharton, etc.

Chaplin fait alors la connaissance d'une grande actrice de théâtre britannique, Constance Collier dont la légende dit qu'elle aurait aidé Chaplin à travailler sa diction. Grâce à Constance, il noue une longue amitié avec Douglas Fairbanks, qui débute dans le cinéma et partage sa vie avec Mary Pickford. Une première rencontre est organisée dans la demeure de Fairbanks à Beverly Hills, quartier alors constitué de collines broussailleuses, parsemées de lotissements qui paraissent à l'abandon. Invitations et rencontres se succèdent. Chaplin fait parfois du cheval en compagnie de Fairbanks, tous deux apprennent à se connaître, parlent de la vie, s'opposent sur leur philosophie. Fairbanks ne cesse de contrer le scepticisme de Chaplin qui valorise le vagabondage et affirme la futilité et l'arbitraire de l'existence. Il faut imaginer la scène que rapporte Chaplin dans son autobiographie : les deux acteurs, un soir d'été, ont grimpé tout au sommet d'un grand réservoir et, depuis ce perchoir, contemplent le ciel étoilé qui enserre le paysage sauvage de Beverly Hills.

> Regarde, fit Douglas avec ferveur, dans un grand geste qui embrassait les cieux. La lune ! Et ces myriades d'étoiles ! Il doit bien y avoir une raison à toute cette beauté ! Elle doit bien accomplir une destinée ! Ce doit bien être pour quelque chose dont toi et moi faisons partie[11] !

Si Chaplin résiste à une telle vision, Fairbanks, comme il le dira lui-même, aura été son seul vrai ami. Chaplin tourne ses derniers films pour la Mutual dont *Charlot policeman* (*Easy Street*), pour lequel il fait construire un carrefour de rues en T. Ce décor, qui reproduit une rue londonienne de Lambeth ou Kennington Road, deviendra caractéristique de ses films. L'intrigue repose une nouvelle fois sur une métamorphose. Charlot, chômeur, entre dans une mission évangélique, vole la quête mais se laisse convertir pour les beaux yeux d'Edna. Il s'engage comme policier, est envoyé à Easy Street et se lance à la poursuite d'une brute qui s'est évadée du commissariat. Une poursuite s'ensuit avec Charlot qui, recevant accidentellement une dose de morphine, devient invincible et finit par terrasser la brute. Charlot, policeman, règne désormais sur le quartier, après avoir mis au pas tous les voyous. Ce film ouvre une série de réalisations qui se présentent d'abord comme autant de satires sociales. Il dénonce, en effet, l'hypocrisie puritaine — les mêmes acteurs interprétant les membres de la Mission et les policiers —, mais aussi la misère sociale. Tel est le sens d'un autre grand film, *L'Émigrant*. Charlot s'est embarqué sur un bateau avec d'autres immigrés à destination de New York. Pendant le voyage, il rencontre une jeune femme qui s'occupe de sa mère malade. La traversée est difficile, les services d'immigration brutaux, la pauvreté est partout. Charlot finit par arriver à New York mais il n'a ni argent ni travail. Il trouve une pièce par terre et décide d'aller au restaurant. Il y retrouve la femme du bateau, qui est très triste car on devine que sa mère est morte. Chaplin met ainsi à bas le mythe d'une Amérique accueillante à la misère du monde, comme Louis Aragon, fervent spectateur des films de Chaplin, le remarquera :

> Nous nous rappellerons le spectacle tragique des passagers de troisième classe étiquetés comme des animaux sur le pont du navire qui amène Charlot en Amérique, les brutalités des représentants de l'autorité, l'examen cynique des émigrants, les mains sales frôlant les femmes sous le regard classique de la Liberté éclairant le monde. Ce que cette liberté-là projette de sa lanterne à travers tous les films de Charlot, c'est l'ombre menaçante des flics, traqueurs de pauvres[12].

C'est Chaplin qui va s'occuper du montage de ses films, et, pour *L'Émigrant*, il travaille de manière acharnée pendant quatre jours et quatre nuits, sans s'arrêter un seul instant. Désormais, Chaplin utilise le cinéma comme une arme : il dénonce l'injustice faite aux êtres humains, revendique la dignité des pauvres, s'en prend à tous les puissants, bourgeois ventrus, policiers, juges, prêtres, patrons, militaires. Chaplin, aux yeux de la critique, apparaît pour ce qu'il est : non pas seulement un acteur et un réalisateur de films comiques, mais un poète qui fait du comique une vision du monde.

À l'automne 1917, Edna Purviance reçoit une lettre de Wheeler Dryden, le fils que Hannah Chaplin avait eu avec Leo Dryden et dont elle avait perdu la trace. En désespoir de cause, celui-ci s'adresse à elle faute d'avoir eu des réponses de Chaplin et de son frère Sydney. Sans doute grâce à l'insistance d'Edna, Chaplin et son frère finissent par reconnaître ce demi-frère inconnu d'eux et l'accueillent à Hollywood. Wheeler Dryden travaillera avec Chaplin jusqu'à ce que celui-ci doive définitivement quitter les États-Unis en 1952.

Chaplin et Edna s'éloignent peu à peu l'un de l'autre. Le déclencheur de leur séparation est une ruse que, par jalousie, Edna imagine pour prendre Chaplin en flagrant délit d'infidélité. Edna ne supporte pas, en effet, que Chaplin, lors des dîners et galas de charité qui ponctuent leur vie quotidienne, soit accaparé par d'autres femmes attirées par sa notoriété. Lorsque le cas se produit, elle prend le parti de s'évanouir pour susciter toutes les attentions, réclamant Charlie avec insistance lorsqu'elle feint de revenir à elle.

Lors d'une soirée organisée par l'actrice Fanny Ward, elle simule à nouveau un évanouissement, mais, au lieu de réclamer Chaplin, elle appelle l'acteur Thomas Meighan à son secours. Surpris, Chaplin cède à la jalousie. Une explication entre Charlie et Edna s'ensuit, prélude à une réconciliation de courte durée et à une séparation définitive. Edna cultivera toute sa vie le souvenir de ses années passées avec Chaplin, collectionnant tous les articles de presse qui paraissent à son sujet.

Le film *Charlot s'évade* est le dernier que Chaplin devait, d'après son contrat, à la Mutual, qu'il quitte aussitôt après. En quatre ans, Chaplin est devenu le maître incontesté du cinéma comique. Sa notoriété est internationale et sa fortune inégalée. Chaplin signe un contrat exceptionnel avec la First National, une compagnie qui regroupe un conglomérat de distributeurs finançant leurs propres productions pour contrecarrer la domination des grandes compagnies.

Vertu d'enfance

Au terme du contrat signé avec la First National, Chaplin devient son propre producteur et s'engage à réaliser huit films dans l'année. La First National avance pour chaque film la somme de 125 000 dollars qui comprend aussi le salaire de Chaplin et prend en charge les dépenses de publicité. Au final, grâce aux talents de négociateur de Sydney, Chaplin et la First National se partagent les profits à parts égales.

Un nouveau studio est construit à Hollywood dont la façade donne sur Sunset Boulevard. Il a l'aspect d'un ensemble de vieux cottages anglais qui servent aussi bien de bureaux que de loges et sont dispersés sur des pelouses alternant avec des jardins. Il existe même une piscine. Le studio est ouvert au public au cours du mois de janvier 1918. Lors de l'une des visites, deux individus tentent d'espionner le tournage en train de se faire et volent des documents sur le projet d'un nouveau film, *Une vie de chien*. Ils sont finalement découverts mais, désormais, toute visite des studios est interdite.

Une vie de chien marque une étape dans l'approfondissement du mythe du vagabond, établissant un parallèle entre la vie d'un chien errant, Scraps et l'existence de deux êtres à la dérive, Charlot et Edna, une chanteuse de bar. C'est ce parallélisme qui structure le film et engendre les différents gags.

Chaplin établit une analogie entre la bagarre qui oppose Scraps et une horde de chiens errants pour s'emparer d'un os et la foire d'empoigne qui règne au bureau d'embauche entre chômeurs. Ce qu'illustre le film c'est, de manière légèrement décalée, la maxime de Hobbes : « L'homme est un loup pour l'homme. » Le vagabond est devenu l'un de ces chômeurs que Chaplin a vu serrer dans le Londres de son enfance et à qui la misère ôte leur humanité. Certes, le film finit bien : le chômeur tombe amoureux d'une belle chanteuse de cabaret malfamé interprétée par Edna qu'il séduit, enlève, sauve de nombreux périls et épouse. L'argent n'a pas été gagné, mais volé à des voleurs. Le berceau sur lequel s'attarde la caméra à la fin du film réserve une surprise : il ne contient pas un bébé, comme l'on s'y attendrait, mais un chiot. La fin du film joue le rôle de trompe-l'œil : on n'échappe pas à la misère, ou alors au prix d'invraisemblables coups du sort qui, à y regarder de près, relèvent de la fiction. Le burlesque qui caractérise le film entier se révèle pour ce qu'il est : une poétique du tragique et de la misère dissimulée derrière le rire. Cette poétique tient à distance le mélodrame dont pourrait être fait le film :

ainsi, lorsque Chaplin filme Edna chantant sur la scène d'un cabaret sordide, il montre en contrechamp des brutes épaisses en train de pleurer à chaudes larmes. Le personnage de Charlot n'est plus à la remorque de l'intrigue, il s'approfondit, gagne en épaisseur : son errance est devenue la marque d'une fatalité sociale qui ne l'empêche pas d'éprouver de véritables sentiments :

> Du temps de la Keystone, le personnage de Charlot était plus libre, moins tributaire de l'intrigue. Son cerveau ne servait que rarement ; il n'avait recours qu'à ses instincts, qui ne s'occupaient que de l'essentiel : le gîte, le couvert, la chaleur. Mais avec chaque comédie à succès, le personnage de Charlot devenait plus complexe. Le sentiment commençait à filtrer à travers le personnage. Cela posait un problème, car il était quand même limité par les bornes de la comédie burlesque. Cela peut paraître prétentieux, mais le burlesque exige une psychologie plus stricte. Je trouvai la solution le jour où je conçus Charlot comme une sorte de Pierrot[1].

Le héros canin du film, un bâtard nommé en fait Mut, choisi parmi une vingtaine de chiens ramenés de la fourrière de Los Angeles, sera adopté par le studio et fera partie intégrante de l'équipe Chaplin. Lorsqu'il meurt le 29 avril 1918, un petit monument commémoratif est élevé dans le studio avec cette mention : « Mut, décédé le 29 avril, un cœur brisé[2]. »

En compagnie de Douglas Fairbanks, Marie Pickford, Rob Wagner, Chaplin participe à une campagne pour les bons de la liberté. Alors qu'il prononce un discours à Washington, il tombe par mégarde de l'estrade et bouscule malgré lui un jeune sous-secrétaire d'État à la Marine nommé Franklin Roosevelt. Juché sur les épaules de Douglas Fairbanks, il prononce à New York un nouveau discours devant une foule de 35 000 personnes qu'il réussit à galvaniser. C'est lors de son passage dans cette ville qu'il dîne en tête à tête avec Marie Doro, de passage au Klaw Theatre. Ainsi prend-il sa revanche sur le passé car la jeune femme n'est autre que la vedette de la pièce *Sherlock Holmes* où il interprétait, parfait inconnu, un petit rôle, treize ans auparavant.

De retour à Hollywood en mai 1918, Chaplin se lance dans un nouveau film qui prend la guerre pour cible, *Charlot soldat*. Dès 1915, à travers ses films une communion s'est établie entre les poilus et Charlot. Non seulement les films de Charlot, on l'a vu, sont montrés dans les hôpitaux militaires mais, comme l'écrit Blaise Cendrars, « Charlot est né au front[3] ». L'écrivain rapporte, en effet, que, dans les tranchées de la Somme, les poilus considèrent « le petit homme » comme un frère de misère.

Le film *Charlot soldat* raconte comment Charlot, héros malgré lui et, en ce sens, lointain prédécesseur du personnage *Forrest Gump* de Robert Zemeckis, déjoue l'offensive de soldats allemands. Le film est après coup un moyen de répondre à la campagne qui l'accuse d'être un déserteur. Dans le film, Charlot est une recrue qui s'entraîne à la vie militaire. Épuisé, il s'endort et rêve qu'il est à la guerre. Pour ce faire, Chaplin a reconstitué, de manière réaliste, la vie quotidienne dans les tranchées, suggérant le pourrissement des hommes, dévorés par la saleté et la vermine. Le réalisme n'est jamais loin de la poésie, cependant, lorsque Charlot se déguise en arbre pour percer les lignes ennemies. Dans son rêve, Charlot délivre Edna, jeune femme française oubliée dans une maison dévastée par les obus et les tirs. Accompagné de celle-ci, il capture le Kaiser qu'il ramène dans les lignes alliées au milieu des vivats de la troupe. Le rêve s'interrompt alors brutalement. Charlot doit revenir à sa réalité moins glorieuse de soldat de deuxième classe à l'entraînement.

Le film *Charlot soldat* connaît un grand succès, peut-être parce que le comique exprime l'humanité commune à tous les soldats. Charlot ayant « encerclé » les soldats prussiens, il leur offre des cigarettes que l'officier est le seul à dédaigneusement refuser. En retour, il le fesse, à la grande satisfaction des soldats ennemis. C'est là suggérer une complicité entre êtres humains que seuls nationalismes et intérêts politiques opposent. Georges Sadoul remarque justement à propos de ce film : « Par son audace dans le grotesque, *Charlot soldat* pour la première fois élève Chaplin au niveau de Shakespeare. » Et Louis Delluc peut écrire : « Ce film justifie tout ce qu'on peut attendre du cinéma. Nous sommes vraiment là dans le domaine fastueux de l'illimité[4]... »

C'est à cette époque que Chaplin, lors d'une soirée, rencontre Mildred Harris, une jeune fille âgée de seize ans. Celle-ci, vu son âge, est sans doute pour Chaplin une réactualisation de son premier amour de jeunesse, Hetty Kelly, qui semble représenter, une fois pour toutes, l'idéal féminin de l'acteur. Une idylle se noue, encouragée par la mère de Mildred qui sait que Chaplin, du fait de sa notoriété et de sa fortune, représente un parti inespéré. La presse, qui a eu vent de l'aventure, publie des indiscrétions. Chaplin dément mais se retrouve bientôt pris au piège lorsque Mildred lui apprend qu'elle est enceinte. Il ne peut, en effet, risquer un scandale qui implique une jeune fille mineure. Le mariage civil entre Mildred Harris et Charlie Chaplin est prononcé le 23 septembre 1918 à la suite d'une journée de tournage. Edna apprend la nouvelle du mariage par la presse et, avec beaucoup de noblesse, lorsqu'elle croise Chaplin à un détour du studio, le félicite, sans manifester une quelconque acrimonie. Si Chaplin n'aime pas sa nouvelle épouse, il ne l'estime pas non plus. Il méprise son peu d'intelligence et nourrit contre elle un ressentiment d'autant plus fort qu'il s'avère bientôt que sa grossesse était une fausse alerte.

Chaplin connaît, en outre, un échec commercial lorsque sort sur les écrans, en juin 1919, *Une idylle aux champs*, qui raconte la vie d'un ouvrier agricole aux États-Unis amoureux d'Edna, la fille d'un fermier voisin. Le film est agrémenté d'une séquence où Charlot rêve que quatre nymphes, après l'avoir tiré de son sommeil, l'entraînent dans une danse pastorale, hommage aux Ballets russes et au talentueux Nijinski. Lorsque Edna se laisse séduire par un étranger, Charlot, désespéré, est prêt à se suicider. Mais le citadin finit par repartir, lui laissant la voie libre. Cependant, comme le suggère David Robinson, la fin du film, en apparence heureuse, est néanmoins ambiguë :

> Charlot a perdu Edna, qui lui préfère le bel escroc citadin et il se met délibérément sur le chemin d'une voiture. La scène s'interrompt brutalement sur un bref et heureux dénouement où le truculent Charlot oblige l'escroc à déguerpir dans sa voiture, regagnant ainsi le cœur d'Edna. Depuis soixante-cinq ans, les critiques n'ont pas réussi à se mettre d'accord sur cette conclusion : le suicide est-il rêvé ou le *happy end* est-il le rêve d'un suicidé[5] ?

L'ambiguïté de ce final a-t-il un sens psychologique et traduit-il l'ambiguïté des sentiments que Chaplin porte à Edna à laquelle il demeure attaché malgré leur rupture et son mariage avec Mildred Harris ? Il est difficile de répondre. Quoi qu'il en soit, *Une idylle aux champs* est aussi une satire sociale qui dénonce les conditions de vie des ouvriers agricoles et une parodie qui moque les bluettes sentimentales tournées alors par Mary Pickford ou Lillian Gish.

Mildred, cette fois-ci véritablement enceinte, accouche d'un garçon mal formé, Norman Spencer Chaplin, qui décède trois jours plus tard, le 10 juillet 1919. Chaplin est ébranlé par ce décès. Tout se passe comme si le cinéma allait lui fournir une existence de substitution. Dix jours plus tard, Chaplin fait un casting de bébés en vue de son prochain film. Car il a trouvé un nouveau sujet, celui de l'enfance misérable et un acteur, Jackie Coogan, un petit garçon de quatre ans, ce qui ne peut être un hasard. Chaplin a remarqué, en effet, à l'occasion d'un numéro de danse exécuté à l'Orpheum par Jack Coogan, le fils de celui-ci, Jackie, qui se livre avec brio et expressivité à une imitation de son père et sort de scène emporté par la musique d'un ragtime endiablé. Chaplin tombe sous le charme de ce petit garçon qui lui rappelle ses débuts sur scène, tout en apparaissant comme le fils qu'il aurait pu avoir.

Deux jours plus tard, Chaplin rencontre en privé le petit Jackie Coogan, accompagné de ses parents, dans la salle à manger de l'hôtel Alexandria. Il prend le temps de jouer avec lui et est conquis lorsque le jeune garçon lui lance : « Vous êtes un prestidigitateur qui travaille dans le monde la magie[6]. » Peut-être la phrase faisait-elle partie du numéro exécuté par Jackie. Elle enthousiasme en tout cas Chaplin car, pour lui, tout bon spectacle ne peut être qu'une magie.

Chaplin signe un contrat avec le père et s'engage dans un nouveau film, « *The Waif* » (« L'enfant abandonné »), qui deviendra *The Kid*. On connaît l'intrigue : le film s'ouvre sur une scène de désespoir, lorsqu'une fille mère, interprétée par Edna Purviance, quitte sous l'œil réprobateur d'une infirmière l'établissement charitable où elle était accueillie. Anéantie, au bord du suicide, la jeune femme abandonne son bébé sur la banquette arrière d'une limousine. Elle dépose aussi un message manuscrit demandant à celui qui découvrira son bébé de bien s'occuper de lui.

Par un retournement du sort, la voiture est volée par deux bandits qui se débarrassent du bébé dans un quartier sordide. Celui-ci est finalement recueilli par Charlot qui, après avoir à son tour essayé de se débarrasser de cette inattendue et encombrante trouvaille, adopte l'enfant. Il le conduit dans son logement, une mansarde dans laquelle un hamac va servir de berceau et un vieux pot à café de biberon. Chaplin met en scène une poétique de la misère qui fait le charme et la force du film. Lorsque l'intrigue est censée se passer cinq ans plus tard, le bébé est remplacé par Jackie Coogan. Il va se tisser, tout au long du tournage, une relation de proximité et de complicité entre le petit garçon et Chaplin. Grâce au cinéma, Chaplin devient le père qu'il n'a pu être : il ne joue pas seulement à être père, il est dans le film le père du Kid. La magie du cinéma se charge ainsi de vérité. Au terme d'une poursuite où Charlot, silhouette désespérée qui file sur les toits, essaie de récupérer le Kid expédié de force dans un orphelinat, le film se termine par les retrouvailles de la mère et de son fils. Au hasard de ses actions de charité dans les quartiers déshérités, celle-ci, devenue aisée, reconnaît, grâce au mot manuscrit qu'elle avait épinglé sur son bébé, le fils qu'elle croyait ne jamais revoir. La figure du Kid a valeur emblématique. Elle incarne cette vertu d'enfance, cette poésie d'un regard neuf sur le monde qui est le propre du cinéma de Chaplin[7].

Ce film met en forme, plus encore que ceux qui le précèdent, l'esthétique de Chaplin : il exprime son sens du burlesque, ce décalage subtil entre le comique du mime et la tragédie sociale du quotidien et il incarne la conviction que le cinéma, comme toute dramaturgie, doit toucher le spectateur. Il exprime aussi l'intuition que l'univers cinématographique possède sa propre réalité. On peut d'ailleurs avancer l'hypothèse que la séquence où Charlot rêve à la métamorphose d'une réalité quotidienne sordide en paradis peuplé d'angelots illustre le pouvoir poétique et magique du cinéma d'inventer des mondes. Il suffit de se référer aux discussions que rapporte Chaplin à propos de ce film dans son autobiographie :

> Je déclarai que la transition du burlesque au sentiment était une question de nuance et de discernement dans l'arrangement des séquences. J'affirmai que la forme prenait existence après qu'on l'avait créée, que si l'artiste concevait un monde et y croyait vraiment, quels qu'en fussent les composants, ce monde serait convaincant. Bien sûr, cette théorie ne s'appuyait que sur mon intuition. On avait connu la satire, la farce, le réalisme, le naturalisme, le mélodrame et la fantaisie, mais le burlesque pur et le sentiment, les constituants du *Gosse*, c'était une sorte d'innovation[8].

Jackie Coogan se révèle un acteur talentueux qui possède un sens inné du mime. Peu de répétitions lui suffisent pour interpréter le rôle de ce gamin des rues qui casse les carreaux que vient ensuite réparer Charlot devenu vitrier pour gagner quelque argent. Comme le suggère Chaplin lui-même, le geste, alors, suscite l'émotion :

> Il y a une scène dans *The Kid* (le Gosse) au cours de laquelle le jeune garçon s'apprête à lancer une pierre dans une fenêtre. Un policier se glisse derrière lui et, au moment où l'enfant met la main en arrière pour prendre son élan, elle touche la tunique du policeman. Il lève les yeux vers celui-ci, puis lance la pierre en l'air et la ramasse, puis la jette innocemment et s'éloigne d'un pas nonchalant, qui devient tout d'un coup un pas de course.
> Il répéta la scène trois ou quatre fois jusqu'au moment où il fut sûr de ses gestes et que l'émotion venait tout naturellement en même temps. Autrement dit, c'était le mécanisme même des gestes qui amenait l'émotion. La scène était une des meilleures de Jackie, c'était un des clous du film[9].

Chaplin, à cette époque, emménage dans une nouvelle maison située au 674 South Oxford Drive, à Beverly Hills. Tout entier à sa fièvre créatrice, il oublie ses problèmes domestiques qui vont, pourtant, bientôt l'assaillir à nouveau. Mildred et Chaplin ne cessent, en effet, de s'éloigner l'un de l'autre tant leurs valeurs et leur comportement se révèlent différents. Pour Chaplin, Mildred, toujours en état de suractivité, se révèle une personnalité superficielle, encombrée de petits riens : « Malgré l'affection que je portais à Mildred, nous n'étions absolument pas faits pour nous entendre. Elle n'était pas méchante, mais elle avait un côté félin exaspérant. Je n'arrivais jamais à toucher son esprit, qui était encombré de petits riens noués de faveurs roses. Elle semblait toujours agitée, toujours en quête de nouveaux horizons[10]. »

La perte de leur enfant achève de détériorer leurs relations. Chaplin ne côtoie plus que de loin son épouse qui a été engagée par le producteur Louis B. Mayer, malgré l'avis défavorable qu'il a émis. Leur maison devient un lieu déserté où il arrive souvent à Chaplin de manger seul, constatant que Mildred s'est absentée pour plusieurs jours sans même l'avoir prévenu. Lorsque Chaplin apprend lors d'un week-end chez les Fairbanks que son épouse a, semble-t-il, une aventure extra-conjugale, il décide de divorcer. La décision est d'abord prise à l'amiable entre les deux époux. Chaplin emménage au Los Angeles Athletic Club tandis que Mildred demeure dans la villa. Mais la nouvelle ne demeure pas longtemps secrète et le bruit court bientôt, répandu par les journalistes, que Mildred et Chaplin sont engagés dans une procédure de séparation. Chaplin, perturbé par la tournure que prennent les choses, peine à finir *The Kid* au point que le tournage s'arrête le 15 mars 1920.

Deux jours plus tard, Mildred fait elle-même une déclaration à la presse pour annoncer qu'elle va entamer une procédure de divorce contre son mari, l'accusant de « désertion », mais aussi de cruauté. Elle prétend avoir été humiliée devant les domestiques lorsqu'un des employés de Chaplin s'est présenté pour récupérer des documents personnels de son mari. La procédure de divorce s'envenime encore davantage quand, le 27 avril, à la faveur d'un repas pris avec des amis à l'hôtel Alexandria, Chaplin aperçoit à une table voisine le producteur Louis B. Mayer qui a pris Mildred sous contrat. Des billets vengeurs s'échangent de table à table. Chaplin, qui n'arrive plus à se contenir, se lève brutalement et, après avoir demandé à Mayer d'enlever ses lunettes, lui expédie un coup de poing en plein visage. Mayer, qui n'a pas froid aux yeux, réplique à son tour. Les deux hommes en viennent à rouler par terre avant d'être difficilement séparés par le personnel de l'hôtel.

La presse, bien évidemment, se saisit de l'événement dont elle fait ses choux gras. Le divorce a une répercussion directe sur les affaires financières de Chaplin. La First National ne veut pas dépasser la somme de 405 000 dollars prévue en règlement du *Kid*, alors que Chaplin, ayant dépassé le budget alloué, a déjà dépensé 500 000 dollars pour terminer le film. Lorsque Mildred dénonce l'accord passé avec Chaplin au terme duquel en compensation du divorce, elle doit recevoir la somme de 100 000 dollars, celui-ci devine que la First National est à l'origine du revirement de son épouse et utilise le prétexte de la procédure de divorce pour le pousser dans ses derniers retranchements.

La suite relève d'un film policier. Craignant que le film ne soit saisi par les huissiers, au début du mois d'août 1920, Chaplin, accompagné d'un petit groupe de techniciens, déménage les négatifs dans une douzaine de caisses, s'installe au Salt Lake

Hotel de Santa Fe et s'enferme dans une chambre transformée subrepticement en salle de montage, faisant fi de la moindre mesure de sécurité. Tout ce qui permet de dérouler la pellicule, rebord des plinthes, commodes, tiroirs... est utilisé. Souvent, l'un des membres de la petite équipe se retrouve ainsi à quatre pattes sous le lit ou allongé dans la salle de bains à rechercher telle ou telle prise. Le montage est pourtant mené à bien dans ces conditions si insolites. Il est définitivement terminé dans un studio du New Jersey tandis que Chaplin demeure enfermé dans une chambre de l'hôtel Ritz à New York, harcelé par des huissiers envoyés par la First National.

Mais, dans la vie aussi, le drame peut prendre des allures de comédie. Chaplin a décidé de répondre positivement à l'invitation à dîner que lui a faite l'écrivain Frank Harris dont il admire les œuvres. Comment échapper aux huissiers ? En se déguisant, bien sûr. Chaplin emprunte les vêtements de sa belle-sœur et, déguisé en femme, le visage recouvert d'une voilette, traverse le hall de l'hôtel et s'engouffre dans un taxi. Le repas se passe dans une totale complicité intellectuelle. À quatre heures du matin, Chaplin, après avoir quitté son hôte, hèle un taxi et tente de trouver en vain un autre hôtel que le Ritz où il pourrait être sûr de ne pas rencontrer d'huissiers.

Le chauffeur de taxi finit par inviter Chaplin à dormir chez lui dans un pavillon perdu des quartiers pauvres et surpeuplés du Bronx. Chaplin accepte et doit partager un lit déjà occupé par un petit garçon d'une douzaine d'années. Chaplin, redevenu Charlot, goûte à l'hospitalité des pauvres : le chauffeur lui offre un copieux petit déjeuner et se met en quatre. Bientôt un petit attroupement se forme devant la maison car s'est répandue la rumeur pourtant improbable que Charlot est hébergé dans l'appartement du chauffeur de taxi. Un à un, les yeux écarquillés, les enfants du quartier défilent devant la table où Chaplin continue à déjeuner : pour eux seuls, Charlot est sorti de l'écran !

Le divorce avec Mildred est prononcé le 19 novembre 1920. Les avocats de celle-ci ont retiré une proposition empêchant Chaplin de vendre *The Kid*. Mildred, quant à elle, reçoit la somme de 100 000 dollars et la moitié des biens du ménage.

The Kid est projeté à New York le 6 janvier 1921 et, étant distribué dans plus de cinquante pays, le film rencontre un énorme succès qui va devenir rapidement universel. Chaplin ne rejouera pourtant plus avec le jeune Jackie Coogan qui deviendra l'archétype de l'orphelin abandonné et pauvre. Jackie jouera dans une vingtaine de films mais sa carrière s'arrêtera en 1927. Lors de la Seconde Guerre mondiale, il s'engagera comme aviateur puis tentera de reprendre une carrière d'animateur et d'acteur, retrouvant un semblant de succès lorsque, sur ses vieux jours, il interprétera le rôle de l'oncle Fester dans le feuilleton de télévision *La Famille Addams*. Chaplin ne gardera cependant pas de contact avec ce jeune complice qui a contribué à donner au personnage de Charlot toute son humanité, et qu'il ne reverra que très tardivement.

En janvier 1919, vu les problèmes que chacun a avec son employeur, Douglas Fairbanks, Mary Pickford, D.W. Griffith et Chaplin se sont associés pour constituer United Artists, une compagnie leur permettant de distribuer eux-mêmes leurs films. Désormais, les stars de cinéma vont pouvoir être leur propre employeur et contribuer à l'expansion du cinéma. United Artists distribuera, par exemple, le *Robin des bois* de Fairbanks, *Le Lys brisé* de Griffith. Pour se dégager définitivement de son contrat avec la First National, Chaplin tourne *Charlot et le Masque de fer*, où apparaît une nouvelle fois la thématique du double : il interprète deux personnages, l'époux ivre et négligent d'Edna et Charlot lui-même, qui prend la place du mari.

Le 3 mars 1921, Chaplin obtient pour sa mère un visa qui lui permet d'émigrer aux États-Unis. Chaplin l'installe en Californie dans un bungalow situé à proximité de la mer. Entourée d'un couple de gardiens et d'une infirmière, Hannah mène une existence tranquille. Elle a de longues périodes de lucidité où elle aime à raconter des histoires de son passé à ses visiteurs, semblant tout à fait indifférente à la célébrité et à la fortune de son fils.

Le voyage en Europe

Alors qu'il a commencé un nouveau film, *Come Seven*, usant des ficelles traditionnelles du burlesque en mettant en scène deux plombiers qui arrivent au travail en limousine, Chaplin décide brusquement de partir en Europe. Épuisé par le tournage de soixante et onze films en sept ans, il éprouve, comme tout expatrié, la nostalgie de son pays d'origine. Cette nostalgie a été réactivée par une lettre reçue de son premier et éphémère grand amour, Hetty Kelly. Les premiers mots de celle-ci : « Vous souvenez-vous d'une jeune fille stupide[1]... » font revivre en Chaplin tout un flot d'images et de « vagues souvenirs sentimentaux[2] ». Au moins est-ce ce qu'il écrit. Mais, est-ce si sûr ? A-t-il jamais vraiment oublié un premier amour qui l'a éveillé à lui-même ?

Hetty Kelly est désormais une femme mariée, épouse du lieutenant Alan Edgar Horne, et habite Portman Square. Dans sa lettre, elle suggère à Chaplin de venir la voir si, un jour, il revient à Londres. Chaplin lui répond par une longue lettre le 18 juillet 1918. Par sa teneur mais aussi par le fait même que, toute sa vie, il ne s'est livré que très peu à la correspondance, cette lettre trahit l'attachement persistant qui le relie à Hetty ou tout au moins à son souvenir : « Chère Hetty, c'est toujours l'inattendu qui survient, dans le cinéma comme dans la vie réelle. Vous pouvez donc imaginer quel plaisir inespéré j'ai éprouvé en trouvant votre lettre ce matin sur mon bureau. D'abord, dès que j'ai aperçu l'enveloppe, mon pouls s'est accéléré, puis j'ai reconnu le "H" familier que je n'avais pas vu depuis des années. Alors quelque chose dans mon subconscient a dit "Hetty". J'ai vite ouvert l'enveloppe et voilà ! C'était vous. Vous, oui, vous, dont j'avais des nouvelles après tant d'années[3] ! »

Chaplin ne reverra jamais pourtant Hetty Kelly qui n'a vraisemblablement pas lu sa réponse. Il apprend son décès dans le train qui le conduit de Southampton à Londres de la bouche de son frère. Hetty Kelly est morte en novembre 1918, frappée par l'épidémie de grippe espagnole. Elle a emporté avec elle une part du passé de Chaplin.

Chaplin raconte son voyage en Europe dans une série de textes qui paraissent en feuilleton dans le magazine *Photoplay* avant d'être rassemblés dans un ouvrage intitulé *Mes voyages*[4]. Il dictera ceux-ci lors de son retour en train vers la Californie à un jeune journaliste du nom de Monta Bell qui retranscrira fidèlement ses souvenirs. De fait, c'est bien Chaplin qui s'exprime dès les toutes premières pages du livre lorsqu'il évoque les raisons de son départ en Europe, pointant un besoin de se renouveler :

> Je venais de passer sept années à me chauffer au soleil perpétuel de Californie, un soleil artificiellement renforcé par les soins du studio Cooper-Hewitts. Sept années durant, j'avais travaillé, pensé dans une même voie et je voulais m'en aller. M'en aller loin de Hollywood, du monde du cinéma, loin des scénarios, loin de l'odeur de celluloïd des studios, loin des contrats, des communiqués de presse, des ateliers de découpage, des foules, des beautés au bain, des tartes à la crème, des grandes chaussures et des petites moustaches. Je vivais dans une atmosphère de réussite mais, du fait de cette réussite même, la stagnation me guettait.
> J'avais besoin de vacances à émotion. Peut-être aurez-vous peine à concevoir ce que j'avance là, dès l'abord, mais je vous affirme que le clown lui-même a ses moments de vie normale et c'était là ce qu'il me fallait[5].

Le voyage de retour en Angleterre dans la cabine luxueuse de l'*Olympic* n'a que peu à voir avec le voyage que Chaplin a effectué, dix ans auparavant, en sens inverse, sur ce même bateau, en compagnie de membres de la troupe Karno. Chaplin est devenu Charlot : il est un homme riche qui a imposé dans l'imaginaire de ces premières décennies du XXe siècle le personnage du vagabond :

> J'avais quitté l'Angleterre dix ans auparavant, à bord de ce même bateau, avec la troupe Karno ; nous voyagions alors en seconde classe. Je me souviens du commissaire de bord nous faisant rapidement faire le tour des premières classes, pour nous donner un aperçu de la façon dont vivaient les riches. Il avait parlé du luxe des appartements privés et de leurs prix prohibitifs, et voilà maintenant que j'en occupais un et que

j'étais en route vers l'Angleterre ! J'avais connu Londres quand j'étais un jeune anonyme de Lambeth qui se débattait pour vivre ; maintenant, célèbre et riche, j'allais voir Londres comme si c'était la première fois[6].

Le retour de Chaplin à Londres est triomphal. L'acteur-réalisateur est accueilli par une foule innombrable qui a envahi toutes les rues de la ville, depuis la gare de Waterloo jusqu'au Ritz, où il est descendu. Mais Chaplin est aussi Charlot et garde toujours en lui le souvenir du petit gamin qui arpentait le pavé des quartiers pauvres de Londres. Pour échapper à la foule, il change de vêtements, prend le monte-charge de l'hôtel et réussit à sortir par l'entrée de service. Il hèle un taxi et lui demande de le conduire à Kennington. En chemin, sous le pont de Westminster, Chaplin aperçoit le même mendiant aveugle qu'il y a bien des années, comme si, dans cette société britannique des années 1920, la misère demeurait immuable, relevant d'une fatalité moderne :

> C'était bien lui, la même vieille silhouette, le même vieil aveugle que je connaissais déjà quand j'avais cinq ans, avec les mêmes vieilles oreillettes, le dos au mur et un filet d'eau poisseuse suintant comme autrefois le long de la pierre derrière son dos.
> Les mêmes défroques, un peu plus vertes d'âge, et la barbe irrégulière et broussailleuse, nuancée presque comme un arc-en-ciel, mais où le gris sale prédomine. [...] Pour moi, c'est terrible. Il est la personnification de la pire misère, de la misère sombrée en cette inertie que cause la perte de toute espérance. Oui, c'est terrible[7].

À Kennington, non plus, rien n'a changé. Des enfants jouent sur le trottoir. La maison où Charlie et Sydney avaient habité en compagnie de leur père et de Louise est demeurée la même et Kennington Park existe toujours, réservant les mêmes émotions. Chaplin retourne à l'endroit où il avait donné un premier rendez-vous à Hetty. Un tramway surgit soudain et s'arrête dans un grincement de ferrailles, mais personne n'en descend. Chaplin le réalise maintenant : Hetty a disparu pour toujours.

Quelques nuits plus tard, Chaplin revient errer dans Lambeth, accompagné de quelques amis. De retour de son escapade nocturne, apercevant des ivrognes affalés sous les arcades du Ritz, il leur offre un peu d'argent car, à ses yeux, ils sont sa part de vérité. Chaplin n'est pas pour autant nostalgique de son passé. Il se défendra toujours d'avoir une personnalité encline à la mélancolie et d'avoir créé un personnage, le vagabond, qui serait un être lunaire et mélancolique. La pauvreté inspire plutôt à Chaplin le refus d'un tel état d'esprit. La richesse est une liberté, une possibilité offerte de découvrir comment le monde est mené, quels sont les hommes qui le conduisent. « La richesse, la célébrité m'ont permis de voir le monde sous sa véritable perspective, de découvrir que des hommes éminents, quand je les approchais, avaient leurs défauts tout comme le commun d'entre nous[8]. »

Chaplin fait la rencontre de H. G. Wells grâce aux publicitaires de la Stoll Picture Corporation, qui l'ont invité en sa compagnie à participer à la projection d'un nouveau film, *Kipps*. Le film n'intéresse guère Chaplin mais, par gentillesse, à la demande de Wells, il a quelques mots d'encouragement pour le jeune acteur principal du film, George K. Arthur. Quelques heures plus tard, Wells et Chaplin peuvent enfin entamer une discussion et échanger des points de vue, lors d'un dîner où vient les rejoindre Rebecca West qui, écrivain elle-même, est la compagne de Wells. La conversation roule, en particulier, sur la situation en Russie, dont revient Wells, et sur les projets de vacances de Chaplin en Europe.

Chaplin se rend ensuite à Paris, rencontre le caricaturiste Cami qui lui avait écrit pour lui faire part de son admiration, ce qui donne lieu à une séance improvisée de pantomime. En effet, les deux hommes, n'ayant aucune langue commune pour converser, tentent de se faire comprendre à coups de gestes et d'imitations avant de se rendre ensemble aux Folies-Bergère. Chaplin rencontre aussi des membres de la communauté britannique et américaine de Paris, prend le temps d'arpenter le Quartier latin, se pénétrant d'un nouveau décor urbain qu'il exploitera dans le film *L'Opinion publique*. Cette attention prêtée à la ville est un élément important de l'esthétique de Chaplin car le vagabond est, tout comme l'art naissant du cinéma, emblématique de la ville moderne. La déambulation urbaine du vagabond offre la possibilité de rencontres et de gags tout en déployant l'espace nouveau des errances humaines.

Poursuivant son voyage en Europe, Chaplin prend le train pour Berlin où il demeure un inconnu car ses films ne sont pas encore distribués en Allemagne. S'il est d'abord soulagé de ne plus être harcelé par la foule, il éprouve ensuite un léger sentiment d'agacement de ne plus bénéficier des privilèges quotidiens qu'offre la célébrité.

Chaplin, qui n'hésite pas à user des nouveaux moyens de transport, prend l'avion au Bourget, revient en Angleterre et passe un week-end dans la maison de campagne de Wells. Lors de cette nouvelle rencontre, Chaplin en vient à évoquer la possibilité de films qui seraient parlants. Mais il défend l'idée que la voix n'est pas nécessaire au cinéma et qu'elle serait l'équivalent d'un barbouillage à la surface d'une statue :

> J'argue que la voix au cinéma est inutile à mon sens. C'est un peu comme de peindre les statues. Et encore, plutôt du rouge sur des joues de marbre ! Le cinéma est un art pantomimique. La parole ne laisserait rien à l'imagination. Pourquoi pas le théâtre alors[9] ?

Ce n'est pas là un simple parti pris technique mais le révélateur d'une vision qu'a Chaplin de l'homme moderne, sans voix, étranger au monde, vagabondant dans le labyrinthe des villes modernes.

Chaplin se perd dans un festival de mondanités. Il s'envole ensuite à nouveau pour Paris où il assiste à un gala de charité donné au Trocadéro lors de la première du *Kid*, recevant par la même occasion la distinction d'officier de l'Instruction publique, tandis que le Tout-Paris est venu le fêter. Il reprend l'avion pour répondre à une invitation du Premier ministre Lloyd George mais manque le rendez-vous, un brouillard épais retardant son voyage.

Les jours passent, Chaplin se rend compte peu à peu que, grâce à son séjour européen, il a réussi à solder son passé. Une nouvelle étape de sa vie s'ouvre désormais qui l'oblige à revenir aux États-Unis. « Cette visite à Kennington [...] avait mis un terme à quelque chose en moi ; je pouvais maintenant en toute quiétude revenir en Californie et me remettre au travail, car c'était dans le travail que je retrouverais mon sens de l'orientation, tout le reste n'était que chimères[10]. »

Chaplin reprend le bateau pour New York. À son arrivée, il visite la prison de Sing Sing, située à une cinquantaine de kilomètres au nord de la ville de New York, sur les rives de l'Hudson. C'est l'occasion pour lui de découvrir l'inhumanité de cet univers pénitentiaire : « C'est un monstre ou un dément sûrement qui les construisit. Il n'est pas un architecte au monde capable de bâtir une pareille chose pour les humains : la haine, l'ignorance et la stupidité ont élevé ces murs[11]. »

Le spectacle de la chambre à gaz et la description de la mécanique des exécutions l'épouvantent : « Bon Dieu, est-il possible d'organiser cela avec tant de méthode ? Et ils en ont tué jusqu'à sept en un jour ! Il faut que je sorte[12]. »

À son retour à Los Angeles, Chaplin, lors d'une

soirée chez Sam Godwin, fait la rencontre de Clare Sheridan qui est à la fois sculpteur, peintre et écrivain voyageur. Nièce de Winston Churchill, veuve de guerre, elle a été la première Anglaise à entrer en Russie après la Révolution de 1917. Auteur d'un livre qui a fait sensation, *De Mayfair à Moscou*, elle a reçu pour commande de sculpter le buste des principaux dirigeants bolcheviques de l'époque, Lénine, Trotsky et Dzerjinski. Lorsque Chaplin fait sa connaissance, elle donne une série de conférences aux États-Unis, accompagnée de son petit garçon Dick, âgé de six ans. Déplorant le manque d'intérêt pour son travail et désespérant de pouvoir gagner ainsi sa vie, elle suscite en retour l'intérêt de Chaplin qui lui propose de sculpter son buste. Celui-ci sera achevé en trois jours.

Si cet épisode mérite d'être raconté, c'est qu'il révèle une fois de plus la dualité du personnage de Charlot / Chaplin. Lorsque Chaplin découvre le buste qui a été fait de lui, il s'exclame : « On dirait la tête d'un criminel[13]. » Clare Sheridan lui répond qu'au contraire, elle est celle d'un génie. Chaplin développe sur-le-champ une théorie selon laquelle les criminels et les artistes sont jumeaux, que l'un peut être la face inversée de l'autre. Le personnage de Monsieur Verdoux, bourgeois respecté et assassin en série, sera l'illustration de cette théorie.

Chaplin emmène Clare Sheridan et son petit garçon camper au bord de l'Océan pendant une semaine. Il se livre pour Dick à des imitations du danseur Nijinski et de la ballerine Anna Pavlova, tout en courtisant la mère. Des rumeurs journalistiques sur une nouvelle idylle de Chaplin commencent à filtrer. Les commentaires indélicats qui soulignent que, vu son âge, elle pourrait être la mère de Chaplin, poussent Clare Sheridan à retourner à New York. Dick mourra en bas âge, à neuf ans. Clare, quant à elle, se tournera vers le journalisme, fera un nouveau séjour en URSS dont elle reviendra désenchantée puis partira vivre en Turquie et en Algérie.

De retour au studio, Chaplin termine les deux films qu'il doit encore faire pour la First National, *Jour de paie* et *Le Pèlerin*. Dans le premier, Chaplin joue le rôle d'un ouvrier que sa femme mène par le bout du nez. Dans le second, il bâtit un scénario qui repose sur la confusion obsédante du double. Le souvenir de l'effrayante visite à la prison de Sing Sing nourrit l'intrigue. Évadé de Sing Sing, Charlot emprunte les habits d'un clergyman pour passer inaperçu. Il choisit un itinéraire au hasard sur la carte et se retrouve dans une petite ville du Far West où, précisément, on attend le nouveau pasteur. La confusion est inévitable, Charlot est pris pour le pasteur tant attendu et accueilli avec tous les égards. Lui-même se prend au jeu, dirige l'office, mime devant les fidèles médusés le combat de David contre Goliath, interprétant un nouveau jeu de double à l'intérieur du jeu de double initial.

Charlot tombe amoureux de la fille de sa logeuse. Reconnu par un ancien compagnon de prison, il tente de contrecarrer les mauvais agissements de celui-ci, avant d'être confondu par le shérif qui, bon prince, le reconduit à la frontière et lui permet de choisir son destin. Que va-t-il faire ? Aller au Mexique ou aux États-Unis ? Quel destin choisir ? Le danger et le risque incarnés par des bandits qui se tirent les uns sur les autres ou le retour dans une prison fédérale ? Charlot ne sait que choisir et, à la fin du film, s'éloigne, le long de la ligne frontière, un pied aux États-Unis, un pied au Mexique.

C'est une fois de plus suggérer sur l'écran la dualité constitutive du personnage de Charlot, la dualité psychique de l'acteur et l'homme Chaplin, voire le statut métaphysique de l'homme du XXe siècle incapable de coïncider avec lui-même.

L'Opinion publique

Désormais Chaplin peut entreprendre son premier film pour United Artists. Pour inaugurer cette nouvelle liberté, il souhaite réaliser une œuvre dramatique. Il veut, en outre, donner le premier rôle à Edna, même si celle-ci ne partage plus sa vie et si, au physique, elle n'est plus la jeune fille fluette des premiers films. Il aimerait faire d'elle une star, comme il le révèle dans ses *Mémoires*. Il pense d'abord à adapter *Les Troyennes* d'Euripide mais le projet s'avère rapidement trop coûteux. Il pense aussi à réaliser un film sur Joséphine, la première épouse de Napoléon, dont Edna pourrait jouer le rôle. Il se documente, lit les *Mémoires* de Bourrienne et les écrits de Constant puis s'aperçoit que c'est Napoléon qui devrait être le sujet principal du film. Chaplin a toujours nourri pour Napoléon une grande admiration qui mérite d'être soulignée. Sa mère lui a souvent parlé de la ressemblance de son père avec l'homme d'État français. Comme le soulignera May Reeves qui partagera sa vie plusieurs mois dans les années 1930, Chaplin, dans la vie quotidienne, aimait à se comparer à Napoléon. « Napoléon était un génie sur les champs de bataille, moi, j'en suis un dans les studios. Combien de fois dit-il : Napoléon, lui aussi, aurait agi ainsi[1]. » Il y a chez Chaplin la fascination du créateur pour le grand homme qui bouscule l'ordre du monde, les situations acquises, ouvre l'Histoire à tous les possibles. « J'étais si fasciné par ce génie éclatant qu'un film sur Joséphine finit par me paraître bien pâle et que Napoléon émergea peu à peu comme un rôle que je pourrais jouer moi-même. Le film serait l'histoire de sa campagne d'Italie : l'épopée de volonté et de courage d'un jeune homme de vingt-six ans, surmontant une formidable opposition et les jalousies de vieux généraux pleins d'expérience. Mais, hélas, mon enthousiasme ne tarda pas à se calmer et Napoléon, comme Joséphine, disparut de nos projets[2]. »

L'idée du film qui allait avoir pour titre *L'Opinion publique* a été suggérée à Chaplin par Peggy Hopkins Joyce, à l'insu de cette dernière. Fille de coiffeur et croqueuse de milliardaires, celle-ci avait fait fortune au point d'amasser un magot de trois millions de dollars grâce aux compensations financières que lui avaient valu ses divorces successifs. En 1921, Peggy Hopkins Joyce débarque à Hollywood car elle nourrit désormais le désir de devenir actrice. C'est Marshall Neilan, ancien chauffeur de D. W. Griffith qui, après avoir été le metteur en scène de Mary Pickford, est pressenti pour devenir celui de Peggy Hopkins Joyce. Il a l'idée d'amener celle-ci visiter le studio de Chaplin. Tout droit arrivée de Paris, Peggy débarque dans le studio par un beau jour de l'été 1921. Couverte de bijoux, exhalant un parfum insistant, elle a revêtu une moulante robe noire de grand couturier en guise de deuil car un jeune homme vient de se suicider pour elle. Peggy joue, en fait, à la grande dame qu'elle n'est pas. Au bout d'une heure, pour mieux donner le signal du départ, Neilan lui assène une claque sur les fesses. Il reçoit en retour une bordée d'insultes. Chaplin a trouvé son sujet : la métamorphose d'une fille de la campagne en femme du monde. Peggy n'est pas avare de confidences. Lors d'un dîner en tête à tête avec Chaplin, elle révèle à celui-ci les stratagèmes auxquels elle a recouru pour obtenir de l'argent de ses cinq mariages.

> À propos de l'un de ses maris, elle raconta que le soir de sa nuit de noces elle s'était enfermée à clef dans sa chambre en disant qu'elle ne le laisserait entrer que s'il glissait sous la porte un chèque de cinq cent mille dollars.
> — Et est-ce qu'il l'a fait ? demandai-je.
> — Oui, dit-elle avec agacement, et elle ajouta non sans humour : et je l'ai encaissé le lendemain matin avant qu'il ne soit réveillé[3].

De même Peggy raconte à Chaplin sa liaison avec un éditeur français qui, plus précisément, va lui donner l'idée du scénario de *L'Opinion publique*. Si un début de liaison s'esquisse entre Peggy et Chaplin, celle-ci jette rapidement son dévolu vers un parti à ses yeux plus prometteur, le jeune producteur de cinéma Irving Thalberg.

Mais Chaplin a trouvé son scénario et choisi pour lieu de l'action une ville qui l'a toujours fasciné : Paris. Surtout, il souhaite relever un nouveau défi et montrer que le cinéma muet peut suggérer les effets psychologiques les plus complexes. On sait que le muet est pour Chaplin une esthétique à part entière :

> Certains critiques affirmaient que la psychologie ne pouvait s'exprimer dans un film muet, que des gestes évidents, comme, par exemple, les héros coinçant de belles dames sur des troncs d'arbres et leur soufflant avec ferveur jusque dans les amygdales ou bien des chaises qu'on se lançait à la figure dans des scènes de bagarre, étaient les seuls moyens d'expression. *L'Opinion publique* était donc à mes yeux un défi. J'avais l'intention de rendre la psychologie sensible par des jeux de scène subtils[4].

Chaplin se met au travail, griffonne des pages et des pages, trouve un titre provisoire à ce nouveau projet de film, *Destiny*. Peu à peu, l'intrigue se dessine : deux jeunes amoureux se fréquentent contre l'avis de leurs familles respectives et décident de s'enfuir à Paris. Mais Jean, qui doit retrouver Marie sur le quai de la gare, assiste à la mort de son père à la suite d'une violente dispute. Marie part seule pour la capitale. Un an plus tard, installé avec sa mère à Paris, Jean retrouve par hasard celle qu'il a follement aimée. Mais Marie est devenue l'une des égéries de Paris et la maîtresse du riche Pierre Revel. Jean, quant à lui, est un artiste qui rêve de réussir. Marie lui commande son portrait et tombe à nouveau amoureuse de lui. Jean, qui éprouve les mêmes sentiments, propose de l'épouser. Marie décide de quitter Pierre mais se ravise lorsqu'elle surprend Jean assurant sa mère que sa proposition de mariage est tout sauf sérieuse. Jean, accablé de remords, se suicide. Sa mère décide de le venger mais se réconcilie avec Marie lorsqu'elle découvre celle-ci en train de sangloter sur le cadavre de son fils.

Le film n'aura pas les effets escomptés : Edna ne deviendra jamais une grande star du cinéma et brouillera définitivement son image auprès du public. Au contraire, Adolphe Menjou accédera à la notoriété grâce à son interprétation de Pierre Revel, menant ainsi à bien une carrière d'acteur commencée en 1912.

Le tournage débute le 27 novembre 1922 et dure sept mois, suivant un script très précis qui laisse peu de place aux essais et improvisations et un ordre chronologique qui est, on l'a vu, la marque de fabrique des premiers films de Chaplin. Le tournage donne lieu à l'invention de trucages inédits, ce dont témoigne la séquence qui a pour cadre la gare de départ vers Paris tournée dans la nuit du 29 au 30 novembre 1922, entre vingt-trois heures et six heures du matin. Pour éviter les dépenses qu'occasionnerait la reconstitution d'un train français, des ouvertures sont découpées dans une planche de trois mètres de long qui, placées devant le halo d'un puissant projecteur, semblent, telles les lumières d'un train en marche, balayer le visage de Marie.

De manière plus complexe, si ce film muet suggère la psychologie des individus, c'est par le biais de l'invention d'un discours indirect dont s'inspirera Lubitsch. Ainsi les bouffées nerveuses que Marie tire sur sa cigarette lorsque son amie lui annonce la nouvelle du mariage de Pierre avec une héritière traduisent la brutale émotion qui l'envahit. De même, la conduite contradictoire de Marie aide le spectateur à comprendre les déchirements de celle-ci. Alors qu'elle souhaite mettre un terme à sa vie de courtisane, Marie se précipite néanmoins dans la rue pour ramasser le bijou que lui a offert Pierre Revel et que, par bravade, elle a jeté par la fenêtre.

L'art du réalisateur est aussi de suggérer, par les images, la vérité des situations : pour suggérer que Marie est la maîtresse de Pierre Revel, Chaplin filme une séquence où apparaît la femme de chambre de Marie en train d'ouvrir le tiroir d'une commode. S'en échappe un col de chemise d'homme, ce qui laisse peu de doutes sur la nature de la relation de Marie et de Pierre.

Si le film révèle les personnages, il révèle aussi Chaplin à lui-même. Ce qui frappe ses collaborateurs, ce sont les sautes d'humeur constantes qui le caractérisent. Comme s'il effectuait une pantomime et se parodiait lui-même, Chaplin s'habille différemment selon son humeur :

> Ses changements d'humeur étaient proverbiaux et les permanents du studio affirmaient qu'ils connaissaient son état d'esprit rien qu'à la couleur de ses vêtements : ainsi, ils téléphonaient chez lui à son valet pour savoir dans quel habit il

arrivait. Son costume vert était le plus célèbre : à chaque fois qu'il le portait, « l'enfer se déchaînait », comme l'a dit Sutherland. Le costume bleu à rayures annonçait une journée joviale et productive. Le gris était entre les deux et nous devions nous frayer un chemin jusqu'à l'état d'esprit définitif[5].

La première du film a lieu le 26 septembre 1923 au Criterion Theatre à Hollywood, dont c'est le spectacle d'ouverture. La luxueuse salle aux murs couverts de pierres de couleur grise ou argent accueille un public choisi. Se pressent Douglas Fairbanks, Mary Pickford, Cecil B. DeMille, Mack Sennett, Mabel Normand, Jackie Coogan ou Mildred Harris et, plus largement, toutes les stars de Hollywood ainsi que le maire de Los Angeles.

C'est le chef de l'orchestre symphonique de Los Angeles qui interprète l'accompagnement musical du film. Dès la fin de la représentation, Chaplin et Edna Purviance ne s'attardent pas et prennent le train pour assister à la première new-yorkaise qui doit avoir lieu le 1er novembre.

La presse est enthousiaste. Chaplin est comparé à Ibsen ou Maupassant car il a réussi à montrer que le cinéma muet peut exprimer les émotions les plus subtiles, n'est pas limité aux effets de gros comiques, que l'ironie peut confiner au tragique et en dire les ressorts et les formes. Chaplin apparaît ainsi pleinement pour ce qu'il est et qu'il sera : un grand réalisateur qui, parmi les premiers, transforme le cinéma en septième art car il en discerne les possibilités esthétiques et techniques, comme en témoigne Adolphe Menjou :

> Pour lui, les films représentaient une nouvelle forme d'art, qui requérait les soins assidus nécessaires à tout art. Il se trouve qu'il était aussi un artiste. Quiconque a travaillé avec Chaplin, l'acteur ou le metteur en scène, est d'accord sur ce point, quelle que soit son opinion personnelle.
>
> À Hollywood, le mot « génie » est utilisé avec parcimonie, mais quand on l'emploie à propos de Chaplin, c'est toujours avec une nuance particulière de sincérité. Si Hollywood a jamais produit un génie, Chaplin en est certainement un de la première veine[6].

Malheureusement, le succès des deux premières, l'enthousiasme de la presse n'ont pas un effet d'entraînement sur le public dont l'accueil demeure réservé. La durée d'exploitation du film à Hollywood ne dépasse pas quatre semaines. Pour la première fois de sa carrière de réalisateur, Chaplin va perdre de l'argent. Le public est, en effet, décontenancé, il aime Chaplin pour ses talents de comique, il aime Charlot qui n'apparaît pas dans le film, sauf pendant quelques secondes dans le rôle d'un portier maladroit. La déception de Chaplin, qui a mis beaucoup de lui-même dans ce film, sera si grande qu'il le retirera rapidement de l'affiche et, pendant cinquante ans, le conservera sous le boisseau. Trop orgueilleux, persuadé malgré tout de la valeur esthétique du film, il refusera de l'exposer une fois de plus aux rebuffades du public.

Le tournage de *L'Opinion publique* est influencé par la rencontre d'une nouvelle femme dont Chaplin va tomber amoureux, Pola Negri. Celle-ci est déjà une actrice célèbre grâce à son rôle dans *Madame Du Barry* de Ernst Lubitsch, qui lui a apporté une célébrité internationale. De nombreuses propositions lui ont été faites mais c'est la Paramount qui a remporté la partie. Voilà pourquoi Pola Negri débarque à Los Angeles en septembre 1922, informant la presse qu'elle souhaite rencontrer Chaplin, entraperçu à Berlin lors du voyage de celui-ci en Europe.

Chaplin et Pola Negri se retrouvent au cours du gala des artistes qui a lieu à Hollywood en octobre 1922. Pola joue le rôle de Cléopâtre tandis que Chaplin dirige l'orchestre. Confondant d'ailleurs de manière durable son propre rôle avec celui de Cléopâtre, Pola reçoit Chaplin dans la suite de son hôtel, théâtralement allongée sur un divan et s'offrant aux regards dans une pose lascive :

> Quand j'arrivai, une femme de chambre en larmes me fit entrer dans le salon et je trouvai Pola allongée sur un divan, les yeux clos. Lorsqu'elle les ouvrit, elle gémit :
> — Quel homme cruel !
> Et je me surpris à jouer les Casanova[7].

Un coup de foudre réunit les deux stars, qui ne vont plus se quitter. Pola Negri prend beaucoup d'intérêt à surveiller le chantier de la villa que Chaplin fait construire sur Summit Drive. Sur les conseils de Douglas Fairbanks et Mary Pickford, il a fini par se résoudre à s'installer dans une résidence permanente, après plusieurs années passées

1 Charlie Chaplin tenant en 1905, à l'âge de seize ans, le rôle de Billy dans la reprise de *Sherlock Holmes*, la pièce de théâtre de William Gillette.

« J'argue que la voix au cinéma est inutile à mon sens.
C'est un peu comme de peindre les statues.
Et encore, plutôt du rouge sur des joues de marbre ! »

2 Mabel Normand et Charlie Chaplin.

« *Vous comprenez, ce personnage a plusieurs facettes ; c'est en même temps un vagabond, un gentleman, un poète, un rêveur, un type esseulé, toujours épris de romanesque et d'aventure.* »

3 Chaplin avec Mary Pickford et Douglas Fairbanks en 1930.

4 Dans *Le Cirque*, 1928.

5 Dans *Le Kid*, avec Jackie Coogan, 1921.

« C'est la beauté qui importe le plus au cinéma. L'écran est pictural. »

6 *Les Lumières de la ville*, affiche du film, 1931.

« Je me suis décidé à déclarer la guerre une fois pour toutes à Hollywood et à ses habitants. Je n'aime pas les gens qui grognent, je les trouve pleins de suffisance et de futilité. »

7 Dans *Le Dictateur*, 1940.

8 *Les Temps modernes*, affiche du film, 1936.

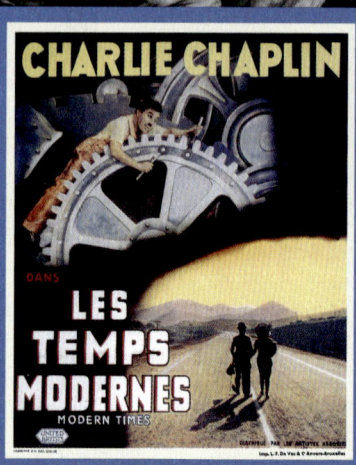

10 Mildred Harris, la première épouse de Chaplin, au début des années 1910.

9 Chaplin avec sa mère, Hannah, en 1922.

« Très franchement, je ne crois pas que le public sache ce qu'il désire. »

12 Oona Chaplin, ici en 1943.

11 Paulette Goddard, Sydney et Charles Chaplin Jr, avec Shirley Temple, dans les années 1930.

« *L'art de la pantomime a atteint sa plus haute perfection dans le cinéma muet.* »

13 La villa de Chaplin à Beverly Hills, en 1925.

14 Les studios de Chaplin à Los Angeles, en 1946.

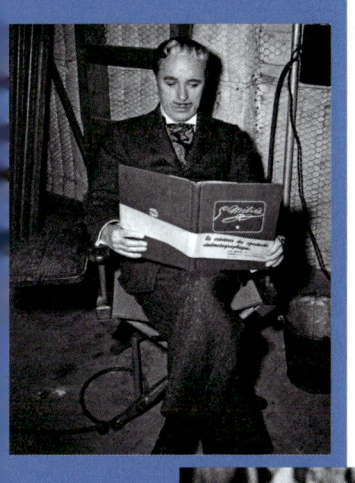

15 Chaplin lisant un ouvrage sur Méliès sur le tournage de *Monsieur Verdoux*, en 1947.

16 Dans *Les Feux de la rampe*, 1951.

« *Je découvris que l'emplacement de la caméra n'avait pas seulement un rôle psychologique mais que cela constituait l'articulation même d'une scène ; c'était, en fait, la base du style cinématographique.*

17 Sur le tournage de *La Comtesse de Hong Kong*, avec Marlon Brando et Sophia Loren, en 1967.

18 En famille en 1963, avec une partie de ses enfants, au manoir de Ban à Vevey (Suisse). De gauche à droite : Annette Emily, Jane, Eugene, Victoria, Josephine, Christopher dans les bras d'Oona, et Chaplin.

> « La source de mon inspiration est en règle générale constituée par la musique ou les objets abstraits. Mon opinion est que l'inspiration provient d'une source existant en soi-même. »

à loger dans des hôtels ou des maisons louées. La nouvelle demeure, qui possède quatorze chambres, est bâtie à flanc de colline et possède une vue imprenable sur l'océan Pacifique. Derrière elle, s'étendent les montagnes de Santa Monica. Pola Negri, qui déjà imagine une vie à deux dans cette superbe bâtisse, fait planter des rangées de sapins, de cèdres, de pins et d'épicéas sur les trois flancs de la maison.

Le 28 janvier 1923, face à la presse invitée dans sa suite, Pola annonce, en présence d'un Chaplin visiblement embarrassé, que tous deux vont se marier. Malheureusement, tout va bientôt se gâter et les fiançailles qui avaient été annoncées sont finalement rompues. Chaplin, en effet, a déclaré en retour qu'il est « trop pauvre pour se marier », ajoutant : « Nous vivons dans un monde de travail et devons continuer de travailler et nous méfier des sentiments extrêmes[8]. » Pola riposte aussitôt et, en larmes, lance qu'elle est une femme trop pauvre pour attirer Chaplin que n'intéressent que les femmes riches. Désormais, elle se consacrera à son seul travail. Quelques heures plus tard, Chaplin dément avoir tenu les propos qu'on lui prête et convie Pola à une entrevue de réconciliation. Celle-ci déclare à son tour à la presse que Chaplin lui a dit ne pouvoir vivre sans elle et lui a affirmé qu'il l'aimait. Chaplin confirme les propos de Pola en donnant une interview à un journaliste de Hollywood où il évoque sa vision du mariage :

> J'ai toujours voulu me marier, avoir une maison, des enfants. J'ai désiré cela plus que tout au monde et pendant des années, j'ai espéré rencontrer une femme qui me conviendrait — une femme ayant de la sympathie, de la compréhension, de l'affection et en même temps la beauté, le charme et l'intelligence. Jusqu'à ma rencontre avec Pola, cette femme idéale était un rêve, aujourd'hui, elle est devenue réalité. […].
>
> Je serai un mari difficile, car lorsque je travaille, je me consacre totalement à ma tâche. Ma femme devra faire preuve d'une grande compréhension, de beaucoup de sympathie et de confiance. Il doit exister une confiance mutuelle et une liberté commune, ou il ne peut y avoir de bonheur. La compréhension, voilà la grande chose dans la vie conjugale. Et c'est ce que Pola et moi partageons[9].

Il est frappant de voir combien cet épisode de la vie de Chaplin rejoint la fiction et illustre le poids nouveau de l'opinion publique dans la vie des acteurs et actrices des débuts de Hollywood. Acteurs et actrices, non seulement vivent sous le regard de la presse, mais n'existent, ne jouent leurs relations qu'à travers elle. Ce triptyque entre cinéma, acteurs et presse est caractéristique de l'industrie naissante du septième et art et détermine l'apparition du phénomène nouveau de la star. C'est d'autant plus vrai que l'idylle médiatisée entre Pola et Chaplin se fait sous la surveillance attentive de la Paramount qui a engagé l'actrice et, pour des raisons commerciales, souhaiterait que le mariage des deux stars se réalise.

Malheureusement, malgré la déclaration d'apaisement de Chaplin, les escarmouches et les disputes ne vont cesser de s'accumuler entre les deux artistes. La foule des admiratrices fanatiques qui se pressent pour voir Chaplin et parler à leur idole n'arrange rien à l'affaire. Les foudres de Pola se déchaînent lorsqu'une jeune Mexicaine, Marina Varga, après avoir traversé illégalement la frontière et pénétré aux États-Unis, s'introduit dans la chambre de Chaplin, met son pyjama et se glisse dans son lit. Délogée à grand-peine, elle semble avaler une dose d'arsenic acheté dans une pharmacie, feignant de se suicider dans le jardin où elle s'étend pour mourir après avoir théâtralement disposé des roses sur le perron. S'ensuit une violente altercation entre Marina et Pola que Chaplin peine à séparer, au point, comme dans le plus banal de ses sketchs, de devoir leur jeter des seaux d'eau froide pour tenter de les ramener à la raison.

Dès sa sortie de l'hôpital où aucune trace d'empoisonnement n'a été décelée, Marina, jouant, elle aussi, avec les médias, prévient la presse et pose devant les photographes pour alerter l'opinion publique, ce qui lui vaut la une du *Los Angeles Examiner* : « Une jeune femme tente de mourir dans la maison de Charles Chaplin, par amour pour lui[10]. »

Les disputes continuant à s'enchaîner, Pola et Chaplin finissent par se séparer. Le 28 juillet 1923, ils dînent ostensiblement, de manière séparée, à l'Ambassador's Coconut Grove : Pola se trouve en compagnie du champion de tennis William Tilden, tandis que Chaplin a invité à sa table la jeune actrice Leonore Ulrich.

La liaison de Chaplin et de Pola peut se lire derrière *L'Opinion publique*. Pola influence le personnage de Marie. Mais celle-ci, comme d'autres personnages du réalisateur, comme Charlot lui-même, est aussi la figure féminine double qui tend un miroir à Chaplin. Marie, si elle est la courtisane qui conquiert richesse et notoriété grâce à ses amants, demeure la jeune provinciale dépositaire, au début et à la fin du film, des valeurs simples d'humanité que sont l'amour et la fidélité à l'amour. Chaplin se dit à travers les personnages féminins de ses films même si, dans *L'Opinion publique*, il peut apparaître à la fois sous les traits de Pierre, le dandy détaché du monde, et sous ceux de Jean, l'artiste tourmenté par sa recherche de l'absolu. La dualité psychologique de Chaplin peut, après tout, se lire comme un jeu entre la part masculine et la part féminine de sa personnalité qui, au fil de ses réalisations, se constitue sous la surveillance de l'opinion publique.

Le comique retrouvé

Échaudé par l'échec de *L'Opinion publique*, Chaplin va revenir à des films comiques pour un quart de siècle. Il a désormais pour objectif de surpasser le succès du *Kid*. Pour ce faire, il doit redevenir Charlot. L'idée d'un nouveau film émerge lors d'un week-end chez Douglas Fairbanks et Mary Pickford. Tous trois, après le repas, regardent des vues stéréoscopiques. L'une d'elles montre une longue file de prospecteurs qui gravissent le chemin gelé de Chilkoot Pass, lors de la ruée vers l'or de 1898. Une légende, imprimée au dos, raconte les dures épreuves endurées par ces prospecteurs. Chaplin a trouvé là un nouveau projet de film. « C'était un thème magnifique, me dis-je, suffisant pour stimuler mon imagination. Des idées commencèrent aussitôt à se développer dans ma tête, et bien que je n'eusse pas encore d'histoire, une image commença à se préciser[1]. »

Il est intéressant, grâce à la lecture de son autobiographie, d'observer le processus de création chez Chaplin. Pour se documenter sur la ruée vers l'or, il lit un livre sur le convoi de Donner qui raconte les malheurs vécus par un groupe d'émigrants en route vers la Californie, en 1846. Bloqués par une tempête de neige dans la Sierra Nevada, certains membres du groupe sont morts tandis que d'autres ont survécu en se nourrissant de leurs dépouilles. Au terme de cette épreuve, dix-huit pionniers, sur les cent soixante que comptait le groupe, arrivent à survivre.

Ce cas horrible d'anthropophagie devient, grâce à l'art burlesque de Chaplin, matière à comédie. Chaplin fait du cinéma le lieu et le moyen d'une alchimie : il transforme le tragique en comique en élevant le burlesque à un point d'intensité sans doute jamais atteint. Le comique, ce qu'il nomme « le ridicule », est pour lui une attitude de défi métaphysique face au tragique de la vie, ce qui explique que l'un peut facilement basculer dans l'autre :

> Dans la création d'une comédie, c'est paradoxal, mais la tragédie stimule le sens du ridicule ; parce que le ridicule, sans doute, est une attitude de défi : il nous faut bien rire en face de notre impuissance devant les forces de la nature... ou bien devenir fous[2].

Une image appelle une autre image : l'image d'un convoi perdu dans les neiges et des hommes en proie à la famine fait surgir dans l'esprit de Chaplin celle de Charlot qui, affamé, fait bouillir sa chaussure et la mange méthodiquement jusqu'à sucer les clous de la semelle comme si c'étaient les os d'un chapon, avalant les lacets comme s'ils s'étaient métamorphosés en spaghettis. Métamorphosé par la folie de son compagnon affamé, Charlot lui-même se transforme en poulet, source de toutes les convoitises. Tel est l'art comique de Chaplin : changer un objet en un autre, se métamorphoser lui-même tant il n'est pas assuré de son identité, tant il est double. Vagabondant dans le monde, vagabondant en lui-même, Chaplin élabore une poétique burlesque du vagabondage psychologique.

Chaplin se met au travail et, deux mois après la première de *L'Opinion publique,* achève un premier script. L'équipe du studio peaufine la documentation, s'affaire à imaginer et à construire des décors, recherche accessoires et costumes. Chaplin se réserve, quant à lui, de recruter des acteurs. Il engage Fred Karno junior mais se sépare de l'actrice qui a accompagné ses débuts au cinéma : Edna Purviance. Sous l'effet de la boisson, Edna a encore grossi, n'a plus un jeu assuré. Elle se trouve mêlée, en outre, à un scandale qui mobilise toute la presse. Alors qu'elle passe la journée du 1er janvier 1924 chez Courtland Dines, elle assiste à une altercation qui tourne au drame entre le magnat du pétrole et son chauffeur, qui dégaine un revolver et fait feu. Dines est seulement blessé mais l'affaire fait grand bruit et altère l'image d'Edna. Chaplin ne la laisse cependant pas tomber, affirme haut et fort qu'elle fait toujours partie de son studio. Il trouve une nouvelle actrice en Lillita McMurray qui jouait l'ange de la tentation dans *The Kid*. Après quelques essais visionnés par Chaplin, elle est engagée le 2 mars 1924 sous le nom d'actrice de Lita Grey, alors qu'elle n'a que seize ans.

L'équipe de tournage, partie en repérage du 20 au 24 février à Truckee, près du lac Tahoe, dans la Sierra Nevada, revient à Hollywood accompagnée d'un grand ours et de son gardien, auxquels viennent bientôt s'ajouter douze chiens de traîneau. Le tournage, l'un des plus coûteux et ambitieux que Chaplin ait jamais faits, dure dix-huit mois. Il emmène son équipe à Truckee pour filmer des extérieurs. À trois mille mètres d'altitude, six cents figurants acheminés par trains spéciaux depuis Sacramento, la plupart vagabonds, interprètent les chercheurs d'or dont la cohorte se fraie difficilement un passage sur un sentier de sept cents mètres de long creusé par les techniciens du film. Comme le raconte Jim Tully, engagé pour travailler sur le script et chargé de mettre en œuvre la campagne publicitaire, les figurants « s'enfoncèrent dans les lourdes neiges de ce passage étroit comme si l'or devait les récompenser et non le seul salaire d'une journée de travail. Ce qui leur importait, c'était qu'on allait les voir dans un film de Chaplin, eux les plus forts parmi tous les vagabonds. Ce serait une journée de leur vie marquée d'une pierre blanche, le jour où ils traversèrent la Chilkoot Pass avec Charlie Chaplin[3]. »

La plus grande partie du film est néanmoins tournée en studio où, sous le soleil californien, sont recréés les massifs enneigés de l'Alaska. Cinq cents ouvriers décorateurs sont embauchés pour construire une chaîne de montagnes à échelle réduite. Jim Tully précisera qu'il aura fallu plus de huit kilomètres de planches, sept cents mètres de fil de fer barbelé et de toile d'emballage pour réaliser celle-ci. Il faudra, en outre, quatre tombereaux de confettis pour réaliser les scènes de tempête de neige. Ces décors peu usuels, qui se voient à des kilomètres à la ronde, deviennent l'attraction de Hollywood et attirent des centaines de curieux. À une époque où les spécialistes d'effets spéciaux n'existent pas, les techniciens du film travaillent à fabriquer, en outre, une structure pivotante qui donne l'illusion d'une cabane en équilibre instable au bord du précipice.

Le film prend pour titre *La Ruée vers l'or* et se situe en 1898. Charlot est l'un des chercheurs d'or qui marchent en direction d'un col au cœur du désert glacé de l'Alaska. Après avoir échappé à un ours, il se lie d'amitié avec le Gros Jim, interprété par Mark Swain. Partageant une même cabane, prisonniers d'une tempête de neige, les deux hommes meurent de faim, au point que Gros Jim, perdant toute lucidité, ne voit plus en son compagnon qu'un gros poulet qui excite son appétit. Jamais à court d'idées, Charlot prépare un repas en faisant bouillir l'un de ses souliers. L'irruption d'un ours tué par Charlot permet aux deux chercheurs d'or de ne pas mourir de faim. Arrivé dans un saloon, Charlot tombe amoureux de Georgia, la danseuse qui, avec ses congénères, accepte son invitation dans sa pauvre cabane pour le soir du réveillon.

Mais alors qu'il a réussi à garnir sa table au prix d'un dur labeur, Charlot se retrouve seul à dîner, la jeune femme n'ayant pas honoré son invitation. Il rêve à un réveillon partagé avec elle, où il effectue, pour la distraire, une danse de petits pains piqués au bout d'une paire de fourchettes. Cette scène célébrissime va suffire à immortaliser le film.

À la suite d'un coup de pelle reçu sur la tête, Gros Jim a perdu la mémoire de l'emplacement du riche filon d'or qu'il a découvert. Il demande de l'aide à Charlot. Tous deux se retrouvent au milieu d'une tempête de neige, enfermés dans une cabane qui vacille au bord d'une crevasse. Alors que la cabane finit par s'effondrer, Gros Jim retrouve le filon. La fortune des deux chercheurs d'or est faite. Devenu milliardaire et passager de luxe sur un paquebot, Charlot, à l'occasion d'un reportage, rendosse le costume du déshérité qu'il a été. Par mégarde, il tombe sur le pont inférieur où Georgia, en troisième classe, le prend pour un clandestin. Prise de remords, elle se précipite pour lui payer son billet alors qu'il est découvert par l'équipage. Elle n'a donc pas oublié Charlot, qui décide aussitôt de se marier avec elle.

Chaplin a réalisé son grand projet. Le film bénéficie d'une ouverture qui a la démesure d'un film de Cecil B. DeMille et frappe tous les esprits. Mais, plus encore, le film marque une évolution dans l'imaginaire du personnage de Charlot. Ce dernier entre désormais en écho avec la figure du chercheur d'or qui appartient profondément à l'imaginaire américain. Ainsi, Charlot s'affine-t-il. Dans la société américaine de la réussite individuelle, s'il devient millionnaire, c'est par le plus grand des hasards et non par ses propres mérites. Si elle rend étranger à soi, la richesse est une forme de vagabondage hors de soi. À la fin du film, ce n'est que lorsque Charlot retrouve son ancienne apparence de prospecteur misérable que Georgia le reconnaît. Est signifié par là que la richesse engendre l'aliénation, prive l'individu de son authenticité.

Un seul événement contrarie les plans de Chaplin. Lita Grey est tombée enceinte de lui pendant le tournage. Chaplin se trouve menacé d'un nouveau scandale et d'un procès pour détournement de mineure. La famille de la jeune fille s'estime outragée et rejette violemment toute suggestion d'avortement ou de compensation financière. Chaplin propose, en vain, deux cent mille dollars pour que Lita Grey épouse un autre homme. Le cauchemar de sa relation avec Mildred Harris semble recommencer.

Pourtant, la presse ne soupçonne rien. Elle imagine, au contraire, une liaison entre Chaplin et la jeune actrice Marion Davies qui est, en fait, la maîtresse de l'énigmatique milliardaire William Randolph Hearst. Chaplin estimera que ce dernier a sûrement été l'être dont la rencontre l'a le plus impressionné dans sa vie. « C'était l'énigme de sa personnalité qui me fascinait, sa jeunesse de caractère, sa sagacité, sa bonté, sa brutalité, son pouvoir et sa fortune immenses et surtout sa sincérité sans fard : c'est l'homme le plus libre que j'aie jamais connu[4]. » Marion Davies, devenue l'actrice vedette de la compagnie Cosmopolitan Productions, qui appartient à Hearst, s'est installée à Hollywood, dans le quartier de Beverly Hills. Elle organise de somptueuses réceptions auxquelles Chaplin est souvent invité mais dont l'atmosphère est souvent conditionnée par les changements d'humeur de Hearst.

Un article paru dans le *New York Daily News* évoque les marques d'attention que porte Chaplin à Marion Davies. Le 18 novembre 1924, désireux d'éclaircir l'affaire, Hearst invite un groupe d'amis à bord de son yacht dont le producteur Thomas Harper Ince et, selon certaines versions, Chaplin lui-même. Un jour plus tard, Ince, après avoir été débarqué, meurt à San Diego, des suites d'un arrêt cardiaque dû à une intoxication alimentaire. Selon une rumeur, Vince aurait été tué d'un coup de feu à la place de Chaplin, alors qu'il était en compagnie de Marion Davies et que, de dos, on pouvait le prendre pour l'acteur. Ce dernier affirma toujours qu'il ne se trouvait pas sur le bateau et écrivit que la rumeur d'une tentative d'assassinat était dénuée de tout fondement.

Quoi qu'il en soit, cela ne change rien à la situation de Chaplin qui, à contrecœur, doit se marier en toute discrétion à Empalme, une petite bourgade sinistre du Mexique, le 25 novembre 1924. Pour tromper la presse qui commence à soupçonner quelque chose, Chaplin, en guise de subterfuge, a loué à Guaymas un bateau pour filmer quelques scènes de mer.

Le retour en train à Beverly Hills est pour Lita une épreuve terrible de vérité : elle espérait trouver un amant plein d'attention, elle est face à un inconnu qui l'accable de reproches. En proie à des nausées, sur le point de s'effondrer, elle se rend sur la plate-forme extérieure du wagon où Chaplin la poursuit, multipliant les récriminations et la mettant au défi de sauter du train.

Lita doit quitter le tournage à cause de sa grossesse. Elle est remplacée par Georgia Hale, une inconnue de dix-huit ans, ancienne Miss Chicago devenue actrice principale du film de von Sternberg *The Salvation Hunters*. C'est lors d'une projection de ce film que Chaplin fait la connaissance de Georgia. La jeune fille est d'autant plus enthousiaste pour le nouveau rôle qu'on lui propose qu'elle s'identifie elle-même au personnage de Charlot. Comme lui, elle a résisté à des épreuves, surmontant l'hostilité d'un père insensible à ses ambitions cinématographiques. En outre, elle croit posséder une ressemblance physique avec son idole. Le changement d'actrice est d'autant plus facile que le personnage de l'entraîneuse que devait interpréter Lita n'apparaît que dans la seconde partie de *La Ruée vers l'or*, Chaplin tournant ses films dans leur continuité chronologique.

Le 5 mai 1925, Lita accouche d'un garçon, Charles Spencer Chaplin junior, dont la naissance est officiellement annoncée le 28 juin, deux jours après la première de *La Ruée vers l'or* à Los Angeles. En juillet, deux mois après son accouchement, elle tombe à nouveau enceinte. Même si elle partage parfois la vie mondaine de son mari et a ainsi l'occasion de danser avec Rudolph Valentino, la star du moment qui fait chavirer tous les cœurs, Lita demeure le plus souvent seule, délaissée par Chaplin.

Chaplin entretient avec les très jeunes femmes des relations qui demandent à être précisées. Celles-ci ont pour trait commun d'avoir été jetées dans la vie, sont parfois orphelines et ont l'âme artiste. De Hetty à Georgia Hale, elles sont aimées par Chaplin / Charlot qui se sacrifie pour elles tout en refusant de comprendre qu'elles ne l'aiment pas vraiment. L'amour ne peut avoir lieu qu'au prix de cette méprise. Charlot est double, l'amour est schizophrénie et se nourrit de la dualité qui fausse les relations entre les êtres, empêche quiconque de coïncider avec lui-même ou de coïncider avec autrui grâce à l'amour.

Voilà pourquoi, amoureux désabusé, Chaplin cède, comme par vengeance contre le destin et par rétorsion contre certains êtres, à l'instrumentalisation de femmes devenues pour lui simples jouets sexuels. Un film tel que *Monsieur Verdoux*, essentiel à la compréhension de la psychologie de Chaplin, illustrera une mise à mort symbolique de la femme. Chaplin tombe amoureux mais peut aussi symboliquement tuer en série des femmes. Tel est le cas de Lita Grey qui semble, pour lui, un simple jouet sexuel. « Quand Charlie rentrait du travail, il me donnait des leçons d'amour. Il voulait que j'apprenne ce qui lui donnait du plaisir. Il me disait que Pola Negri était la plus parfaite des amantes qu'il ait connues et que je devais faire comme elle[5]. » Il y a une face noire de Chaplin qui transparaît dans certains de ses personnages et se retrouve dans son comportement amoureux. Comme l'écrit André Bazin : « La femme abandonnée n'est pas simplement une femme que l'on n'aime plus : elle est rejetée hors du mythe. Pour Chaplin-Charlot (Charlot étant ici l'inconscient de Chaplin) elle a trahi l'Edna Purviance que Chaplin voyait en elle. (Toutes les femmes sont donc coupables sauf une qui les rejoindra plus tard.) Le mythe de Don Juan se confond ici avec celui de Barbe-Bleue. On peut considérer les femmes-à-tuer de M. Verdoux comme le symbole des anciennes femmes de Chaplin, lesquelles furent aussi, à l'écran, les femmes de Charlot[6]. »

La Ruée vers l'or est une grande réussite financière, rapportant deux millions de dollars, même si l'année 1925 est aussi marquée par le succès de *Vive le sport*, de Harold Lloyd.

Le 15 octobre 1925, Chaplin s'est remis à travailler sur un nouveau projet de film qui deviendra *Le Cirque*. Charlot, pris dans un quiproquo, devenu voleur malgré lui car un policier lui a donné le portefeuille dérobé par un pickpocket, trouve refuge dans un cirque. Il est engagé comme clown mais ne fait rire les spectateurs qu'à son insu, lorsqu'il est traqué par la peur. Il tombe amoureux de la fille du directeur du cirque mais celle-ci est amoureuse de Rex, le funambule. Charlot rivalise avec Rex et se livre, pour cela, à un dangereux numéro de funambulisme. Il aide finalement le couple à s'enfuir et se retrouve seul sur la piste, contemplant tristement un rond de sciure et une étoile en papier.

La séquence centrale du film où Charlot marche sur une corde raide a-t-elle un sens symbolique et renvoie-t-elle aux tourments conjugaux de Chaplin qui peuvent à tout moment le faire basculer dans de gros ennuis[7] ? Ou bien, plus profondément, cette corde raide illustre-t-elle la ligne frontière qui coupe Chaplin en deux et fait de sa vie, selon le versant de sa personnalité qui l'emporte, un exercice périlleux ? Il est difficile de s'aventurer dans une surenchère d'interprétation mais, ce qui est certain, c'est que la vie de Chaplin, à l'époque du tournage du *Cirque*, est particulièrement tourmentée.

Alors que Georgia Hale devait être l'actrice principale de ce nouveau film, son contrat, pour des raisons inexplicables, n'est pas renouvelé. C'est Merna Kennedy, une amie d'enfance de Lita, qui hérite du rôle principal et signe un contrat d'actrice à compter du 2 janvier 1926. Le tournage commence le 11 janvier, les deux premières semaines sont consacrées à tourner la séquence du numéro de funambule de Charlot. Si, contrairement à son habitude, Chaplin ne tourne pas en suivant une continuité chronologique, c'est parce qu'il ne veut pas perdre le bénéfice de son entraînement mais aussi parce que c'est une séquence décisive du film.

Pendant ce temps, les relations entre Lita et Chaplin ne cessent de se dégrader. Lita, ne pouvant séduire son mari, est de plus en plus jalouse des autres femmes qu'il fréquente. Chaplin, quant à lui, préoccupé par cette situation, se met à souffrir d'insomnies, erre la nuit dans sa maison armé d'un revolver à la recherche d'improbables cambrioleurs, prend des bains et des douches plusieurs fois par jour. Le second enfant de Lita naît le 30 mars 1926 et est prénommé Sydney. Mais, le choix du prénom est une fois de plus l'enjeu de disputes car Lita admet mal que son fils porte le prénom de son beau-frère.

Le tournage du *Cirque* se poursuit, interrompu seulement le 7 septembre 1926 pour honorer la mort de Rudolph Valentino. Chaplin, qui admire le célèbre acteur, porte son cercueil lors de la cérémonie d'enterrement. Le tournage est à nouveau interrompu le 28 septembre lorsqu'un incendie ravage le plateau. Chaplin est profondément ébranlé par l'incident mais le tournage reprend une dizaine de jours plus tard.

Le 30 novembre 1926, Lita quitte le domicile conjugal, ne supportant plus les brimades à répétition dont elle s'estime victime, la dernière d'entre elles étant d'avoir vu au bras de sa meilleure amie un bracelet en diamants identique à celui que lui avait offert son mari. Par précaution, ayant appris la leçon du *Kid*, Chaplin met son nouveau film à l'abri des avocats et des huissiers.

Chaplin se réfugie chez son avocat à New York, le 9 janvier 1927, tandis que, le lendemain, les avocats de Lita déposent une demande de divorce. Bientôt, une campagne de presse d'une extrême violence se déchaîne contre lui. Le *New York Times* publie le réquisitoire dressé par les avocats de Lita contre le comportement de Chaplin à l'égard de son épouse. Ce document est un tissu de ragots ayant trait à la vie sexuelle du couple. Dans certaines librairies, on vend des tirés à part de la demande en divorce qui, sous le titre *Les Plaintes de Lita*, devient un best-seller. Chaplin sombre rapidement dans une profonde dépression nerveuse.

Deux fois père, il se retrouve pris dans une procédure de divorce qui amorce un retournement — durable — de l'opinion publique contre lui. Chaplin sera désormais souvent en butte, aux États-Unis, à de violentes campagnes d'opinion. Le jugement de divorce est prononcé le 22 août 1927, il conserve les droits de ses films mais l'affaire lui coûte plus de un million de dollars.

Pourtant, Chaplin ne ressort pas complètement éreinté de ce divorce car une autre partie de l'opinion a pris fait et cause pour lui. Il est soutenu par la haute société de la côte Est, par des intellectuels et artistes français et, non des moindres, tels Louis Aragon, René Clair, Man Ray.

Cette période de tourment conjugal marque une étape importante dans la vie de Chaplin dont l'apparence se métamorphose. Au plus fort de ses démêlés avec Lita, en l'espace d'une nuit, les cheveux de Chaplin blanchissent brutalement au point que les gros plans qui seront tournés de son visage devront être montés avec des plans tournés auparavant.

La première mondiale du *Cirque* a lieu le 6 janvier 1928 au Strand Theatre de New York et, trois semaines plus tard, au Grauman's Chinese Theatre de Los Angeles. À nouveau, la cérémonie est grandiose : les invités sont accueillis dans une ménagerie et un grand nombre d'attractions foraines complètent l'ambiance : Alice de Dallas, la fille aux deux cent trente-sept kilos, des ours et des chiens savants, un dompteur de lions...

La critique est enthousiaste. Chaplin se surprend à oublier enfin ses déboires conjugaux. Pourtant, ce film demeurera sous-estimé, l'acteur lui-même le passant sous silence dans son autobiographie, alors qu'il livre une vision du monde : le cirque en est la métaphore et chacun y joue un rôle, fût-il d'abord social, où l'amour est impossible et conduit au sacrifice de soi, où la clownerie est la marque non d'un art du rire mais d'une tragédie qui échappe aux spectateurs. Mais *Le Cirque* est surtout un film réflexif. Chaplin, le temps d'une séance, dans une sorte de mise en abyme, nous montre que Charlot est un personnage de cirque, la figure moderne de la clownerie et du bouffon archaïque, du *Trickster*, du « Fripon divin », commun à un grand nombre de cultures. Il est aussi, comme en attestent tous les films antérieurs, un personnage multiple. Charlot est, par essence, un personnage aux mille facettes qui se déguise, qui ne cesse de jouer une grande variété de rôles. Lorsque, pour se cacher du policier qui le poursuit, il se transforme en automate ou, à l'intérieur du palais de glaces, voit son image se démultiplier, il révèle sa capacité infinie de métamorphose. Il est le reflet éclaté de nous-mêmes. Ce que Charlot nous apprend aussi, et telle est sa modernité, c'est qu'il est une figure comique en dissidence. Lorsqu'il est engagé pour faire le clown, il échoue à faire rire. Il fait rire en édictant les règles anarchiques de transgression qui sont les siennes, en exhibant une inaptitude métaphysique au monde qui, si elle rejoint la figure archaïque du fripon divin, est d'abord celle de l'homme au XXe siècle. Voilà pourquoi il finit par abandonner le cirque car celui-ci, avec ses règles établies, maintient le spectacle à l'intérieur de codes et d'un partage défini entre fiction et réalité. Charlot transgresse cette frontière tout comme il transgresse parfois le partage entre le permis et l'interdit au sein de sa propre vie. Il y a, incarné dans le personnage de Charlot, un anarchisme du rire qui n'est jamais que l'autre face de la plainte de l'homme du XXe siècle perdu dans le monde, écrasé par les formes modernes de celui-ci : l'inégalité sociale, la misère, la guerre, la technique.

Les Lumières de la ville

Chaplin a déjà repris son labeur. Il travaille à un nouveau film qui va devenir ce qui est sans doute son chef-d'œuvre, *Les Lumières de la ville*. Au cours des premiers préparatifs du film, Hannah, sa mère, décède le 28 août 1928 à l'hôpital de Glendale où elle a été envoyée pour une infection de la vésicule biliaire. Chaplin s'est rendu chaque jour au chevet de sa mère, s'efforçant de parler et de plaisanter avec elle. Hannah est enterrée au cimetière de Hollywood, sous une simple dalle. Le chagrin ravage Chaplin pendant plusieurs semaines. Le sentiment de solitude que cause la mort d'une mère, dont la présence a été si déterminante pour lui, rejoint l'imaginaire du personnage du vagabond, errant à la surface du monde. Sans doute cette mort imprègne-t-elle le personnage de Charlot qui réapparaît, dans *Les Lumières de la ville,* lesté d'une nouvelle gravité. Se joue, dans le film, une tragédie de la parole qui mêle destin individuel et forme esthétique. La voix de Hannah s'est éteinte définitivement et Chaplin doit à nouveau reprendre la parole. Il doit réaliser un film muet qui « parle » au spectateur, qui suggère le langage du corps et des situations tout comme l'éloquence du silence, auquel voue la condition métaphysique de l'homme moderne. Tâche difficile et paradoxale que Chaplin, pourtant, va mener à bien. Comme l'écrit justement Nadia Meflah, Hannah « meurt au moment où Chaplin se retrouve acculé à parler. Le monde du cinéma qu'il a créé est en train de disparaître sous ses yeux. Impuissant, il ne peut rien faire contre l'arrivée du cinéma parlant. La pantomime devient obsolète, les stars du cinéma muet meurent les unes après les autres. Il mettra plus de dix ans à pouvoir parler. Dix ans de deuil, dix ans de balbutiements et de tâtonnements avant qu'enfin il restaure la parole perdue à jamais de sa mère[1] ».

Si ce nouveau film est primordial pour comprendre l'esthétique de Chaplin, c'est parce que s'y dit, plus explicitement que dans les films précédents, la relation de Chaplin à la parole qui détermine le statut social et métaphysique du vagabond. Au milieu des années 1920, le son révolutionne l'industrie cinématographique. Déjà Edison a tenté, dès 1894, de mettre au point un kinétophone doté d'un cylindre phonographique, support d'un enregistrement qui dure une minute. Lors de l'Exposition universelle de 1900, Léon Gaumont couple un phonographe avec un projecteur et montre de courtes scènes ainsi réalisées. Mais c'est le développement de la radio, du phonographe, du téléphone qui, dans les années 1920, précipite les choses. Dès 1926, la Warner, associée à la compagnie Western Electrics, lance un système de son synchrone. Le 6 août 1926, les frères Warner présentent leur premier film Vitaphone, *Don Juan*, puis, à la Noël 1926, un second film intitulé *The Better'Ole*. Le premier film véritablement parlant, *Les Lumières de New York*, réalisé aussi par les frères Warner, sort dans les salles le 8 juillet 1928. Dès lors, tous les studios hollywoodiens produisent des films sonorisés. À l'automne 1928, le film *Le Chanteur de jazz* signe l'avènement du cinéma parlant, en illustrant la synchronisation possible du son et de l'image, même si le procédé est encore imparfait.

Le public est enthousiaste et, en trois ans, le cinéma muet disparaît complètement des écrans. Chaplin aurait pu jouer un rôle majeur dans l'avènement du cinéma parlant. Le 9 décembre 1918, il reçoit une lettre d'Eugène Augustin Lauste qui lui présente une nouvelle invention permettant d'imprimer le son et l'image simultanément sur la même pellicule. Chaplin aurait répondu qu'il était intéressé, aurait demandé des précisions supplémentaires, mais n'aurait jamais reçu de réponse. La technique du parlant vient, cependant, en opposition avec l'esthétique de Chaplin qui nourrit à la fin des années 1920 une forte aversion pour ce procédé. Il n'est pas le seul cinéaste à éprouver ce sentiment. De grands réalisateurs tels qu'Eisenstein ou Poudovkine condamnent, à la même époque, une forme de cinéma qui altère la pureté de l'image. Chaplin s'accroche au langage universel de la pantomime que le muet permet d'importer au cinéma et qui a la force du mythe :

> J'étais décidé à continuer à faire des films muets, car j'étais convaincu qu'il y avait place pour tous les genres de divertissements. D'ailleurs, j'étais un pantomime et, dans ce domaine, j'étais unique et, sans fausse modestie, un maître. Je poursuivis donc ma production d'un nouveau film muet, *City lights* [*Les Lumières de la ville*][2].

Pourtant, Chaplin est moins rasséréné qu'il ne le dit dans son autobiographie. Le soir, il hante en spectateur anonyme les cinémas de Los Angeles qui diffusent ce que l'on nomme désormais des *talkies*, et scrute anxieusement les réactions du public. Il fait même réaliser quelques expériences dans son studio, même si dans ses déclarations à la presse, il proclame ouvertement son aversion :

> Les *talkies*, vous pouvez dire que je les déteste. Ils sont venus gâcher l'art le plus ancien du monde, l'art de la pantomime ; ils anéantissent la grande beauté du silence. Ils jettent bas l'édifice actuel du cinéma. Ils détruisent le courant qui mène les acteurs vers la popularité, les amis du cinéma vers l'appel de la beauté. La beauté plastique reste ce qui importe le plus à l'écran. Le cinéma est un art pictural [...][3].

Et il ajoute de manière véhémente :

> Je ne me servirai pas de la parole dans *Les Lumières de la ville*. Je ne l'utiliserai jamais dans aucun film. Cette erreur me serait fatale. Je ne crois pas que ma voix puisse ajouter à l'une de mes comédies. Au contraire, elle détruirait l'illusion que je veux créer : un personnage qui n'est pas une réalité mais une idée humoristique, une abstraction comique[4].

Pour Chaplin, Charlot est un archétype comique que sa gestuelle, son jeu en forme de pantomime, élève à l'universalité. En outre, comme on l'a dit, l'esthétique du muet s'inscrit dans l'intuition d'une tragédie, à la fois psychanalytique et métaphysique, de la double perte de la voix et de la voie qui définit le personnage du vagabond. Ne nous y trompons pas : le muet est, au cinéma, le revers du vagabondage.

Chaplin s'engage dans un nouveau film muet dont l'intrigue est déclenchée par une situation duale, schizophrène : que devient un vagabond lorsqu'il est soudain en situation de richesse ? Comment réagit-il ?

> L'essentiel de l'intrigue était une idée que je caressais depuis des années : deux membres d'un club de riches discutent de l'instabilité de la conscience humaine et décident de faire une expérience avec un vagabond qu'ils trouvent endormi sur les quais. Ils l'emmènent dans leur somptueux appartement, lui prodiguent le vin, les femmes et les chansons et, quand il est ivre mort, ils le ramènent là où ils l'avaient trouvé, et il s'éveille, croyant que tout cela n'a été qu'un rêve. De cette idée m'est venue l'histoire du milliardaire des *Lumières de la ville* qui se lie d'amitié avec Charlot quand il est ivre et ne le reconnaît plus quand il est à jeun. C'est le mobile de l'intrigue et cela permet à Charlot de continuer à prétendre qu'il est riche devant la jeune aveugle[5].

Chaplin comparera la conception de l'intrigue de son nouveau film à un labyrinthe, même si, au final, celle-ci apparaît d'une belle simplicité. Le film raconte la sortie d'un aveuglement qui frappe les personnages et, comme dans ce palais de glaces représenté dans *Le Cirque*, démultiplie les identités. La jeune fleuriste prend Charlot pour autre qu'il n'est, le millionnaire, dès qu'il est ivre, voit dans le vagabond un ami. Au début du film, lors de l'inauguration d'une place, les personnalités de la ville découvrent un vagabond endormi, recroquevillé dans la jupe de la statue de bronze qui sert de monument à la « Paix et à la Prospérité ». Chassé, il rencontre une jeune fleuriste des rues à laquelle il donne sa dernière pièce. Il réalise alors qu'elle est aveugle et qu'elle le confond avec un homme riche. Il ne la contredit cependant pas. Le soir même, il sauve de la noyade un millionnaire suicidaire et ivre. Celui-ci traite avec amitié et prodigalité son sauveur lorsqu'il est en état d'ébriété. À jeun, il fait chasser le vagabond de sa demeure. Pour aider la jeune aveugle tombée malade et sans revenus, Charlot nettoie les rues ou participe à un match de boxe. Sachant qu'une opération pourrait rendre la vue à son amie, Charlot convainc le millionnaire, sous l'emprise de l'alcool, de lui donner de l'argent. Les brumes de l'ébriété s'étant dissipées, ce dernier accuse Charlot, qui a donné l'argent à la jeune aveugle, d'un vol dont il a été victime. Libéré, le vagabond erre dans la ville et aperçoit derrière la vitrine d'une boutique de fleuriste la jeune fille qui a retrouvé la vue. Alors que celle-ci s'approche pour lui donner une pièce et une fleur, Charlot cherche à s'enfuir mais est reconnu par la jeune fille qui a touché sa main. Le vagabond interroge alors : « Vous y voyez clair maintenant ? » et la jeune fleuriste répond : « Oui, j'y vois clair. »

Le film nous raconte une accession à la lumière et à la claire conscience. C'est là pour Chaplin, sans doute, une métaphore de la fonction du cinéma muet : dévoiler, faire accéder la vérité des personnages à la pleine lumière. Cette fonction est soulignée par un style sobre qui ne recourt pas à des éclairages raffinés, des effets photographiques complexes, un montage compliqué. L'image dévoile tandis que la parole trahit. Voilà ce dont témoignent les borborygmes métalliques du discours prononcé par les officiels devant la statue où s'est réfugié le vagabond ou les hoquets sonores de Charlot qui a avalé, par mégarde, un sifflet. Dans *Les Lumières de la ville*, qui possède des séquences sonores, la parole est systématiquement dévaluée. Seul le corps parle et dit l'étrangeté à soi d'un homme moderne éclaté en multiples reflets.

Le film est, dans son intégralité, tourné en studio. Le décor urbain ne renvoie pas à une ville particulière mais se veut emblématique de toutes les cités. Le cinéma, on l'a dit, est un art né dans la ville, qui met en évidence l'espace nouveau où se joue le destin de l'être humain. Pour interpréter le rôle de la jeune fleuriste, après des auditions infructueuses, Chaplin a engagé la blonde Virginia Cherrill qu'il a, semble-t-il, remarquée lors d'un combat de boxe au Hollywood American Legion Stadium de Los Angeles alors qu'elle était assise dans la même rangée de spectateurs que lui. Dans son autobiographie, Chaplin indique cependant qu'il l'aurait rencontrée quelques jours plus tard alors qu'elle travaillait avec une équipe de cinéma sur la plage de Santa Monica.

Les relations de travail ne vont pas être faciles, car dès le début du tournage, le 27 décembre 1929, Chaplin nourrit des doutes sur sa nouvelle actrice. Il s'acharne, plan après plan, à lui faire tendre la main et lui faire prononcer une réplique, à jamais confinée, cependant, dans le silence d'un film qui demeurera muet : « Une fleur, monsieur ? » En outre, à la différence des films précédents, Chaplin entretient une relation distanciée avec une actrice envers laquelle il n'éprouve aucun sentiment. Fébrile, anxieux, miné par l'arrivée du parlant, il tombe malade.

Virginia Cherrill ne tourne pas pendant plusieurs mois, attendant que revienne le moment où elle devra se retrouver dans l'œil de la caméra. Comme elle n'est pas une grande travailleuse et n'a pas besoin de faire carrière dans le cinéma, étant issue d'une riche famille de Chicago, elle sort la nuit et traîne son ennui. Le contraste s'accroît entre Virginia, de plus en plus étrangère à la réalisation des *Lumières de la ville*, et Chaplin, qui ne cesse de s'enthousiasmer pour ce nouveau film. Le 4 novembre 1929, la jeune femme reprend son rôle et tourne une scène facile. Par contre, le lundi suivant, l'équipe doit tourner la scène finale du film qui est difficile car elle donne toute son ampleur et sa signification au film. La tension de Chaplin est à son comble. Innocemment, Virginia demande si, ce jour-là, elle pourra partir plus tôt du studio car elle a un rendez-vous chez son coiffeur. Chaplin explose de colère et somme son entourage d'avertir Virginia qu'elle est licenciée et qu'on n'aura plus besoin d'elle à l'avenir. Il faut donc trouver une nouvelle actrice. Le studio contacte Georgia Hale, l'actrice principale de *La Ruée vers l'or*, qui n'a pas tourné depuis un an. Celle-ci réalise des essais concluants, mais Chaplin se laisse convaincre de garder malgré tout Virginia qui, lui dit-on, ne se laissera pas faire et le poursuivra. Une semaine après son renvoi, elle revient d'ailleurs au studio et exige que son salaire hebdomadaire soit doublé. Le tournage reprend avec Virginia qui, dissipant définitivement les craintes de Chaplin, prouve par son jeu qu'elle est tout à fait à la hauteur du rôle.

Fin juillet 1930, le tournage est à peu près achevé. Chaplin recommence de nouvelles prises, tourne de nouvelles scènes durant les six semaines à venir. Le montage des titres et intertitres a lieu entre la mi-octobre et la mi-décembre. Mais Chaplin s'investit encore plus dans la réalisation du film. Il compose sa propre partition pour *Les Lumières de la ville*. S'il n'a pas appris de technique musicale, Chaplin est manifestement doué pour la musique. À l'âge de seize ans, il a acheté un violon et un violoncelle qu'il emporte partout, prenant des leçons au gré de ses engagements et s'exerçant plusieurs heures par jour. Il est aussi capable d'improviser au piano et joue de l'accordéon. De fait, en 1916, il a fondé la Charles Chaplin Music Corporation qui publiera trois de ses compositions. De même, c'est lui qui a composé des thèmes musicaux spéciaux pour *The Kid* et *Charlot et le Masque de fer*.

La première du film a lieu le 30 janvier 1931 dans un cinéma flambant neuf, le Los Angeles Theatre, situé sur Broadway, qui est un complexe multi-commerces comme on pourrait en construire aujourd'hui. L'établissement comprend, outre une salle de cinéma, un restaurant, une galerie d'art, une nursery, une salle de danse, une échoppe de cireur de chaussures, une boutique de cosmétiques français, un studio de radio, une salle de jeu. Le jour dit, la foule, difficilement contenue par des cohortes de policiers, se presse dans la rue pour essayer d'apercevoir les invités de marque qui se fraient difficilement un chemin : défilent King Vidor, Cecil B. DeMille, Jack Warner, Gloria Swanson, Georgia Hale… Chaplin a invité personnellement Albert Einstein et son épouse en l'honneur desquels la salle se lève. Il a rencontré pour la première fois Einstein en 1926 lorsque celui-ci effectuait une tournée de conférences en Californie. Pour Chaplin, Einstein est l'un de ces « romanciers sublimes[6] » que sont les savants et les philosophes.

La circulation doit être stoppée pour laisser place à une foule qui ne cesse de grossir. Des vitrines sont même brisées tant la pression des corps est grande. Le succès est au rendez-vous. La salle applaudit vivement. Soudain, à la troisième bobine, les lumières de la salle s'allument et une voix anonyme annonce une interruption de la séance, invitant les spectateurs à admirer le nouveau cinéma. Le public, composé de la haute société de Los

Angeles, se met à siffler et élève des clameurs de protestation. Chaplin lui-même entre en fureur. Après cet entracte publicitaire inopiné, le film reprend bientôt tandis que la salle retombe sous le charme. Lorsque le mot « fin » s'affiche sur l'écran, des salves redoublées d'applaudissements éclatent. Chaplin a gagné son pari : réaliser un film muet en plein avènement du parlant.

La campagne publicitaire engagée pour la sortie du film à New York et sur la côte Est se révélant modeste, Chaplin décide de distribuer lui-même le film et de se charger de la campagne promotionnelle. La première du film à New York a lieu dans le vieux cinéma George M. Cohan Theatre et, à nouveau, rencontre un vif succès. Charlot touche les foules parce que, plus que jamais, on s'identifie à lui. Comme tous les Américains, il est l'exclu frappé par la crise de 1929 qui a éclaté pendant le tournage du film.

En cette fin des années 1920, Chaplin, comme son personnage, est seul : il est, au sein de l'industrie cinématographique, un survivant. Tous ceux qui ont fait la renommée de Hollywood ont été éliminés : Thomas Ince est mort d'indigestion, Griffith, chassé des studios, a versé dans l'alcoolisme, Mack Sennett a été ruiné par le krach de Wall Street. Les stars du cinéma muet ont disparu les unes après les autres. Mary Pickford est oubliée, Buster Keaton ne se remet pas de l'arrivée du parlant, John Gilbert, le partenaire de Greta Garbo, l'acteur le mieux payé de Hollywood, qui possède une voix ne passant pas à l'écran, est impitoyablement écarté. Chaplin, comme Charlot, doit se réinventer, continuer la recherche d'une nouvelle forme de langage où son esthétique puisse se dire. Mais, pour cela, il lui faut tirer un trait sur lui-même ou tout au moins sur Charlot. Et de cela, Chaplin en est conscient : le parlant ne peut que faire disparaître le personnage de Charlot.

> Je songeais parfois à la possibilité de tourner un film sonore, mais cette perspective m'était déplaisante, car je me rendais compte que je ne réussirais jamais à atteindre l'excellence de mes films muets. Il me faudrait également renoncer totalement à mon personnage de Charlot. Certains me suggéraient de le faire. C'était impensable, car le premier mot qu'il prononcerait ferait de lui quelqu'un d'autre. D'ailleurs, la matrice dont il était né était aussi muette que les haillons qu'il portait[7].

On n'abandonne pas Charlot aussi facilement. Il faudra plusieurs années à Chaplin pour s'y résoudre et inventer une parole au cinéma. Nadia Meflah le remarque avec finesse :

> Durant dix ans, entre 1929 et 1939, avec trois films, *Les Lumières de la ville*, *Les Temps modernes* et *Le Dictateur*, Chaplin va explorer, expérimenter, apprivoiser et inventer sa langue. Il lui faudra tout ce temps pour dire adieu à Charlot, sa plus belle créature. Et à un monde qui n'existe plus. Cette mutation se fait [...] contre son personnage, Charlot devenant de plus en plus absent au monde, et à lui-même[8] [...].

Intermède

Chaplin mène désormais une vie tranquille avec Georgia Hale qui s'avère une compagne désintéressée et fidèle. Mais il ne dédaigne pas les aventures d'un soir. Au cours de l'été 1930, Chaplin fait la connaissance de Luis Buñuel, le cinéaste surréaliste et réalisateur du célèbre *Chien andalou* et de *L'Âge d'or*, alors que ce dernier fait une sorte de stage à la Metro Goldwyn Mayer. Buñuel a raconté comment Chaplin, alors qu'il était aussi accompagné de l'écrivain Eduardo Ugarte, avait organisé chez lui une orgie à trois qui avait mal tourné, les trois jeunes femmes invitées s'étant disputées pour déterminer laquelle ferait l'amour avec le créateur de Charlot.

Chaplin ne dédaigne d'ailleurs pas le goût de la provocation surréaliste. Quelques mois plus tard, lors de la Noël 1930, lui et Georgia sont invités à un dîner offert par les membres de la colonie espagnole de Hollywood. Celui-ci se conclut par une scène inattendue : Buñuel, Ugarte et un acteur espagnol du nom de Pena bondissent sur la table et coupent l'arbre de Noël à la hache avant de piétiner les cadeaux. Lors de la soirée qu'il organise, en retour, pour le réveillon du jour de l'an, Chaplin prend à part Buñuel dès le début de la soirée et lui susurre ironiquement à l'oreille : « Puisque vous aimez tant abattre les arbres, Buñuel, pourquoi ne vous y mettez-vous pas maintenant, nous serions plus tranquilles pour le dîner[1] ? »

Chaplin est impressionné, fasciné par la force des images des films de Luis Buñuel, telle la fameuse séquence montrant un œil découpé par un rasoir qui fait s'évanouir son chauffeur, Toraichi Kono, préposé, pour l'occasion, à la projection du film.

Au lendemain de la première des *Lumières de la ville*, Chaplin quitte Hollywood. Il veut assister aux premières de New York et de Londres, prendre quelques vacances en Europe, mais surtout prendre du recul avec lui-même. Une question récurrente le taraude : malgré le succès de son dernier opus, peut-il continuer encore à faire des films muets ? N'est-il pas passé de mode ?

Chaplin, accompagné de Toraichi Kono, de son agent de presse Robinson et du caricaturiste Ralph Barton, invité à la dernière minute, s'embarque sur le paquebot *Mauretania*. À Portsmouth, un wagon a été spécialement affrété pour lui dans le train pour Londres. À la gare de Paddington, la foule est si dense pour l'accueillir que Chaplin doit monter sur le toit de sa voiture pour la saluer en agitant canne et chapeau.

Au Carlton, où une immense suite a été préparée pour les quatre hommes, le vagabond Charlot se métamorphose une fois de plus en Chaplin, l'acteur célèbre, familier des honneurs et du luxe. Noyé sous les invitations, Chaplin profite de ce séjour pour rencontrer plusieurs fois H. G. Wells avec lequel il est désormais intime. Il assiste aussi à un déjeuner organisé par lady Astor dans sa résidence, au 1, Saint James Square. Parmi les invités, outre Lloyd George et Bernard Shaw, figure le célèbre économiste Keynes avec lequel Chaplin a une discussion passionnée. Ce dernier est vivement intéressé, en effet, par le tour de passe-passe financier qui, pendant la Première Guerre mondiale, a permis à la Banque d'Angleterre d'accorder un prêt au gouvernement supérieur à ses réserves et d'être remboursé par une émission de monnaie fiduciaire. Chaplin y voit aussi un signe du rôle nouveau et déterminant de l'économie dans les temps modernes. Il a d'ailleurs lu l'ouvrage de Clifford Hugh Douglas, *Crédit social*, paru en 1924, qui affirme le lien entre revenus perçus, déficience du pouvoir d'achat et endettement producteur de bulles financières vouées à exploser, sources de chômage et de récession. Vivement impressionné par cette analyse qui pourrait s'appliquer aux tourments économiques de notre monde contemporain, Chaplin avait d'ailleurs converti ses bons du Trésor et ses actions en liquidités, échappant ainsi à l'effondrement de la bourse de Wall Street en 1929. Quoi qu'il en soit, ces discussions et réflexions montrent bien que le projet des *Temps modernes* est déjà en germe dans son esprit.

Lors de son séjour à Londres, Chaplin rencontre plusieurs fois Winston Churchill qui l'invite aussi à passer un week-end en sa compagnie dans sa résidence de Chartwell. Chaplin admirera toujours l'homme politique britannique malgré leurs divergences politiques car il sait reconnaître en lui l'homme d'État qui, par certains côtés, a l'altitude d'un Napoléon. Tous deux, d'ailleurs, partagent une même admiration pour l'empereur français. Chaplin est, en outre, impressionné par les goûts spartiates de Churchill dont la chambre fait office de bibliothèque et regorge de livres — dont plusieurs consacrés à Napoléon !

C'est peu après que Chaplin rencontre Gandhi dans une humble maison située à East India Dock Road à Londres. La conversation roule sur l'hostilité que Gandhi porte aux machines et on peut avancer que cette conversation nourrit aussi le projet des *Temps modernes* :

> Naturellement, dis-je, je sympathise avec les aspirations de l'Inde et la lutte qu'elle mène pour la liberté. Néanmoins, je suis quelque peu déconcerté par votre haine des machines.
> Le Mahatma acquiesça en souriant tandis que je poursuivais :
> Après tout, si les machines sont utilisées de façon altruiste, cela devrait aider à libérer l'homme de la servitude, lui permettre d'avoir des horaires de travail plus courts et du temps pour cultiver son esprit et profiter de la vie.
> Je comprends, dit-il, d'un ton calme, mais avant que l'Inde puisse atteindre ces buts, elle doit se débarrasser d'abord du joug anglais. Ce sont les machines autrefois qui nous ont rendus dépendants de l'Angleterre et la seule façon dont nous pouvons nous débarrasser de cette dépendance, c'est de boycotter tous les produits faits par les machines[2].

Ce qui relie Chaplin à Charlot, c'est que le réalisateur se forge au fil de ses lectures et de ses rencontres une vision politique du monde que vient aussi alimenter son expérience passée de la pauvreté. Chaplin cerne désormais le lien qui, à ses yeux, relie une économie de profit et un machinisme qui accroît la productivité et détruit les individus.

Lors de ce nouveau séjour à Londres, Chaplin visite l'école de Hanwell où il a passé plusieurs mois difficiles de son enfance. Trop éprouvé par les souvenirs que cette visite fait affluer à sa mémoire, il renonce pourtant à honorer sa promesse de revenir en personne pour offrir un matériel de projection à l'école et des cadeaux aux enfants. C'est Kono qui se charge de réaliser cette promesse mais la déception de la foule venue attendre Chaplin est alors immense.

La première des *Lumières de la ville* a lieu le 27 février 1931 au Dominion Theatre. Une nouvelle fois, sous une pluie battante, une foule massive se presse devant le cinéma, dans l'espoir d'apercevoir Chaplin. L'attente sera vaine car, dès l'après-midi, ce dernier s'est enfermé dans la salle de projection. Cette première est suivie d'un dîner de deux cents personnes qui constitue l'événement mondain londonien de ce début d'année.

Chaplin, toujours en quête de rencontres amoureuses, fait plusieurs conquêtes, dont la danseuse Sasi Maritsa. Il se rend ensuite à Berlin où sa notoriété est désormais acquise. Il profite de son séjour dans la capitale allemande pour rendre visite à

Albert Einstein et est surpris par la modestie de son appartement. Ce voyage lui permet de prendre la mesure des changements politiques brutaux qui se préparent en Allemagne. L'antisémitisme fait rage et la presse nazie fustige d'ailleurs l'aveuglement des spectateurs qui se laissent duper par ce comédien « juif » venu d'Amérique.

C'est lors de ce séjour que Chaplin tombe sous le charme d'une femme de pierre. Visitant le musée Pergamon, il est tellement séduit par le buste en calcaire de la reine égyptienne Néfertiti, découvert en 1912 à Tell-el-Amarna et montré au public à partir de 1925, qu'il en fera faire plus tard une copie. Cette réplique trônera toujours à la place d'honneur des différentes maisons où il habitera.

Chaplin quitte Berlin pour Vienne où il est porté par une foule enthousiaste sur le trajet qui mène de la gare à son hôtel. À cette occasion, il prononce ses premiers mots devant une caméra sonore : « *Guten tag ! Guten tag !* » (« Bonjour ! Bonjour ! »). Après un bref passage de deux jours à Venise, ville trop mélancolique à ses yeux, Chaplin repart pour Paris où il reçoit la Légion d'honneur des mains d'Aristide Briand. Il est ensuite reçu par le roi Albert Ier de Belgique lors d'une audience qui inspirera une scène du *Dictateur*. Assis sur une chaise basse, il est dominé par son hôte qui siège dans un fauteuil beaucoup plus élevé et le domine de toute son importance.

Fin mars 1931, Chaplin se rend à Nice pour voir son frère Sydney qui a pris sa retraite et s'est retiré sur la Riviera où il mène une vie oisive. Lors de ce séjour, il rencontre Emil Ludwig, l'un des biographes de Napoléon, qui suscite toujours son admiration. Il fait aussi la rencontre de May Reeves, une jeune femme d'origine tchèque, au passé obscur. Parlant six langues, détentrice de plusieurs prix de beauté, May Reeves, « belle, élégante, à l'allure d'aventurière sophistiquée[3] », est engagée pour devenir la secrétaire de Chaplin dont elle va bientôt devenir la maîtresse pendant onze mois (après avoir été celle de Sydney). Elle ne sera pas sans inspirer, bien des années plus tard, le personnage de Natacha, l'aristocrate émigrée et déchue de *La Comtesse de Hong Kong*.

La presse, toujours avide de ragots s'empare aussitôt de l'affaire. Des articles paraissent sur une mystérieuse « Mary » qui partagerait désormais la vie de Chaplin, et dénoncent la mésalliance entre le grand artiste et une femme venue d'on ne sait où. May et Chaplin font tous deux un séjour de huit jours en Algérie mais, lorsque le paquebot de retour accoste à Marseille, Robinson, l'attaché de presse, se précipite sur le bateau pour les convaincre de ne pas débarquer ensemble. À cette occasion, les relations entre Chaplin et Robinson, qui depuis son séjour en Europe étaient déjà tendues, vont se détériorer définitivement. Robinson, rappelé à New York à la fin du mois de mai 1931, sera finalement licencié.

Chaplin, en compagnie de May Reeves, qui est profondément amoureuse, séjourne à Nice, Juan-les-Pins, Biarritz, voyage en Espagne, où il assiste à une corrida, revient s'installer à Londres où il fait visiter à la jeune femme les lieux de son enfance. Il séjourne plus de deux mois à Saint-Moritz, puis décide de visiter le Japon, pays dont la civilisation suscite son intérêt depuis qu'il a assisté à des représentations du théâtre ken-geki en Californie. Sur le quai de Naples, le 12 mars 1932, Chaplin fait ses adieux à May, en pleurs. Elle publiera les souvenirs de sa vie avec l'acteur sous le titre de *Charlie Chaplin intime*. Le livre souligne, à son tour, l'ambivalence de Chaplin, alternant affection et jalousie, ne cessant d'être en proie à des sautes d'humeur qui éprouvent May. « L'humeur de Charlie tourne comme une girouette. Tantôt, il déborde de tendresse, tantôt il est dur et inflexible. Seules les larmes arrivent à le calmer. Son besoin sadique et maladif de me voir souffrir augmente journellement[4]. »

Chaplin, accompagné de son frère Sydney et de Kono, embarque ensuite à bord du *Suwa Maru*, qui le mène à Singapour où il est retenu par une forte fièvre. Après une escale à Bali, les trois hommes débarquent à Kobe dans la deuxième semaine du mois de mai. Leur arrivée est triomphale. Hôtes officiels du gouvernement japonais, ils sont acclamés par une foule dense rassemblée sur les quais tandis que des avions, tournant autour du navire, laissent tomber des prospectus de bienvenue.

Chaplin cède à la fascination du Japon. Il goûte ce mélange subtil de rites et de raffinement typique de la civilisation japonaise et apprécie le théâtre kabuki où compte d'abord la virtuosité de l'acteur dont le jeu est stylisé. Dans son autobiographie, Chaplin raconte cependant comment sa visite a été perturbée par une tentative d'assassinat projetée contre lui par un groupe d'extrême droite, le Dragon noir. Chaplin est, en effet, un symbole du capitalisme américain dont la mort pourrait provoquer une guerre avec l'Amérique que ces extrémistes appellent de leurs vœux. D'ailleurs, tandis qu'un soir Chaplin assiste à un combat de sumo en compagnie de son fils, le Premier ministre japonais est assassiné par les terroristes.

Le 2 juin 1932, Chaplin s'embarque à Yokohama, à bord du paquebot *Hikawa Maru*, à destination de Seattle. Durant la traversée de retour, il met en forme ses idées et travaille à ce qui va devenir le scénario des *Temps modernes*. Sa visite au Japon a complété sa critique d'un capitalisme occidental qui, non seulement, détruit les individus par le jeu combiné du profit et du machinisme mais met aussi à bas cultures et civilisations.

> Combien de temps, le Japon survivra-t-il au virus de la civilisation occidentale, c'est une question sur laquelle on peut discuter longtemps. La façon dont son peuple apprécie ces simples moments de la vie si caractéristiques de leur culture — un regard s'attardant sur un rayon de lune, un pèlerinage pour aller voir les cerisiers en fleur, la paisible méditation de la cérémonie du thé — tout cela semble destiné à disparaître dans la brume de l'esprit d'entreprise occidental[5].

Les Temps modernes

Chaplin est de retour dans sa maison de Summit Drive à Hollywood le 10 juin 1932. Seuls les domestiques occupent la vaste demeure. Saisi par un sentiment de solitude, Chaplin téléphone à Georgia pour lui demander de passer la soirée avec lui. Cette soirée qui aurait pu être l'occasion de leurs retrouvailles, va être celle de leur séparation définitive. Chaplin montre à Georgia les deux malles qu'il a remplies de cadeaux pour elle, mais celle-ci, loin d'être attendrie par cette marque d'attention, lui reproche violemment de ne pas lui avoir donné le moindre signe de vie pendant dix-sept mois. Refusant tout présent, elle claque la porte et s'enfuit du domicile de Chaplin, lui demandant de ne plus la rappeler. Ils demeureront brouillés une dizaine d'années, la jeune femme gardant une vive animosité à l'égard de Chaplin. Comme Edna Purviance, Georgia a prodigué une affection désintéressée à un homme qui est loin de lui en avoir été reconnaissant. Chaplin séduit et détruit, lancé dans une recherche de lui-même où les femmes qui l'ont aimé ne peuvent trouver leur compte.

Hollywood a changé, Douglas Fairbanks et Mary Pickford, ses proches amis, se sont séparés. Le cinéma lui-même n'est plus l'entreprise artisanale faite par des pionniers venus de partout, il est soumis à une logique industrielle qui bouleverse son mode de production.

> Du jour au lendemain, le cinéma devint une industrie froide et sérieuse. Les techniciens du son rénovaient les studios et construisaient des appareils acoustiques compliqués. Des caméras grandes comme une chambre avançaient pesamment sur le plateau comme des chars de Juggernaut. On installait de l'équipement radio comprenant des milliers de fils électriques. Des hommes, qu'on aurait pris pour des guerriers débarqués de Mars, étaient assis avec des écouteurs aux oreilles pendant que les acteurs jouaient, avec des microphones qui pendaient au-dessus d'eux comme des cannes à pêche. Comment pouvait-on être créateur avec tout ce matériel ? J'avais horreur de cela[1].

Le machinisme affecte désormais aussi le cinéma. Chaplin, désenchanté, est au milieu de sa vie. Il est habité par la tentation de fuir et nourrit l'idée de s'installer à Hong Kong. Durant cette période il se rapproche de ses deux fils qu'il va prendre l'habitude de voir chaque samedi tout en s'opposant à ce qu'ils jouent en compagnie de leur mère, Lita, dans un film *The Little Teacher*. Il pense qu'un tel projet est prématuré et que ses deux fils vont s'enfermer dans le rôle éphémère d'enfants-acteurs. Son avocat, Loyd Wright, dépose, le 25 août 1932, une requête contre le travail de ses enfants. Chaplin se voit donner définitivement raison par le tribunal, malgré un recours en appel de Lita.

Pour exister, Chaplin a besoin des femmes qui semblent venir à son secours lorsqu'il en a besoin, que sa vie a perdu de sa substance. Grâce au producteur Joseph Schenck, président de la United Artists, qui l'a invité à passer un week-end sur son yacht, Chaplin rencontre Paulette Goddard qui va jouer un rôle important dans sa vie. Celle-ci, après avoir survécu à une enfance malheureuse, âgée à l'époque de vingt ans, a déjà interprété de petits rôles au cinéma. Née le 3 juin 1910, de son vrai nom Marion Levy, Paulette Goddard est juive par son père. Ses parents ayant divorcé, elle vit aux côtés de sa mère une vie difficile et est ballottée de déménagement en déménagement. Nourrissant des rêves de célébrité, elle devient à quinze ans danseuse à Broadway dans la célèbre revue des Ziegfeld Follies dont feront aussi partie Louise Brooks ou Joséphine Baker. La jeune femme se rebaptise Paulette et emprunte à son oncle le nom de Goddard. Engagée par le producteur Hal Roach, elle interprète un petit rôle auprès de Laurel et Hardy dans son premier film, *Berth Marks*, en 1928.

Pour se faire remarquer et se donner un style, après avoir épousé un riche playboy dont elle divorce au bout d'un an, elle s'achète une voiture de luxe. Si elle est désormais riche, elle veut aussi accéder à la notoriété artistique. Usant de son charme, elle fait tomber sous sa coupe plusieurs producteurs dont Joseph Schenck. C'est désormais au tour de Chaplin de succomber au charme de Paulette Goddard, à sa gaieté et son sens de la repartie. Ce qui va, en outre, réunir Paulette et Chaplin, c'est un même sentiment de solitude venu des tréfonds d'une enfance difficile. Chaplin prodigue, en outre, des conseils financiers à la jeune femme, lui déconseillant, par exemple, d'investir une partie de la pension alimentaire que lui verse son ancien mari dans une entreprise cinématographique douteuse. Chaplin persuade aussi Paulette d'arrêter de se teindre en blond platine et de redevenir la brune pétillante qu'elle était.

Tous deux se comprennent, entreprennent des virées sans fin le long des côtes californiennes, font des promenades en bateau. Pour faire une surprise à Paulette, Chaplin achète un yacht luxueusement équipé de douze mètres de long, le *Panacea*, qui peut transporter vingt personnes. La presse se fait bientôt l'écho de leur idylle. Le 19 septembre 1933, Chaplin accompagne Paulette à l'aéroport de Glendale et pose ostensiblement sur ses lèvres un baiser d'adieu qui fait aussitôt la une de la presse américaine.

Paulette partage de plus en plus étroitement la vie de Chaplin et s'installe à Summit Drive. Quelques mois plus tard, le 16 mai 1934, le fidèle Kono, à la fois chauffeur, secrétaire, majordome de Chaplin depuis dix-huit ans, se sentant progressivement évincé par Paulette, démissionne de son poste. Chaplin essaie, en vain, de le faire revenir sur sa décision. Il lui obtient un emploi au bureau de la United Artists de Tokyo et lui verse, ainsi qu'à son épouse, la somme de mille dollars.

Chaplin hésite à se lancer dans un nouveau film, trouvant des dérivatifs ou de bonnes raisons de ne rien entreprendre. Willa Roberts, la rédactrice en chef de la revue *Women's Home Companion*, l'ayant persuadé d'écrire plusieurs articles sur son dernier voyage en Europe, Chaplin, quoique autodidacte on l'a vu, se fait un devoir de rédiger lui-même les textes demandés. Malgré sa maîtrise hésitante de l'orthographe, il aime le langage et les mots, en sait le prix et la valeur depuis ce vacillement de la parole dont sa mère a été victime sur scène. Il travaille à la rédaction de ces articles de juillet 1932 à février 1933 avec la même exigence que celle dont il fait montre dans la réalisation de ses films[2]. Il note ses idées, les dicte à une secrétaire, retravaille et corrige inlassablement le texte tapé à la machine. Les articles, après avoir été publiés en revue, seront réunis dans un ouvrage intitulé *A comedian sees the world*, paru en 1933.

C'est sur le yacht qu'il a acheté à Paulette que Chaplin commence à travailler au scénario du film qui va devenir *Les Temps modernes*, et s'appuie sur ses réflexions concernant l'économie et le chômage, qui, comme l'a montré la Grande Crise de 1929, est devenu la grande question sociale. Dans une interview donnée au *New York World,* il remarque ainsi :

> Le chômage est la question vitale et non la prohibition. L'humanité devrait profiter de la machine. La machine ne devrait pas signifier la tragédie et la mise au chômage. Les techniques pour réduire le travail et les autres techniques modernes n'ont pas été inventées pour le profit mais pour aider l'humanité dans sa recherche du bonheur. S'il n'y a aucun espoir dans l'avenir, je crois qu'un changement radical doit survenir pour faire face à de telles conditions. Certains, qui sont confortablement installés, rejettent tout changement. Ce n'est nullement de cette manière qu'on empêchera les idées bolcheviques ou communistes de devenir dominantes[3].

Comme Chaplin l'écrit dans son autobiographie, le film *Les Temps modernes* tire son origine immédiate de cette interview et, plus précisément encore, de la description que le journaliste aurait faite devant lui des chaînes de montage de Detroit qui transforment en quelques années les jeunes gens venus y travailler en « loques humaines[4] ».

Chaplin, fervent admirateur de Roosevelt et du New Deal, a développé, au retour se son grand périple en Europe et en Asie, une réflexion sur ce que pourrait être une « solution économique ». Pour maintenir le pouvoir d'achat à hauteur du processus de production, il conviendrait, selon lui, de créer une nouvelle monnaie internationale gagée sur la valeur or grâce à laquelle les pays alliés pendant la Première Guerre mondiale se rembourseraient de leurs dettes. De telles réflexions nourrissent aussi la genèse des *Temps modernes* qui prend sens dans la situation économique et sociale de l'entre-deux-guerres. David Robinson écrit justement :

> Dans les films Keystone et Essanay, le Vagabond partait à l'aventure dans la société des déshérités d'avant guerre, parmi les autres immigrants, les clochards et les petits scélérats. Dans *Les Temps modernes*, Charlot est l'un des millions d'hommes confrontés à la pauvreté, au chômage, aux grèves, aux briseurs de grèves et à la tyrannie de la machine[5].

Le Charlot des *Temps modernes* n'est plus l'immigrant vagabond qui incarne une misère venue du XIXᵉ siècle, il est devenu la figure de l'être humain broyé par le machinisme dont nous sommes les héritiers : comme l'indiquent les images de Charlot avalé par une machine dont on ne sait ce qu'elle fabrique, des automobiles ou des saucisses, l'être humain est en passe de devenir le simple élément d'un dispositif technique dont la chaîne de montage est l'exemple avant-coureur. Ce que montrent *Les Temps modernes*, ce n'est pas seulement l'automatisation taylorienne de l'être humain mais sa réduction à n'être plus que la pièce d'un dispositif économico-technique qui s'élargira aux dimensions du monde. Charlot n'est plus l'homme nouveau qui erre à la surface des choses, le vagabond métaphysique, il annonce le bouleversement radical du statut de l'être humain qui n'est plus « maître et possesseur de la Nature », selon la célèbre formule de Descartes. Charlot est désormais un ouvrier, cette figure de la déshumanisation contemporaine. Car l'ouvrier moderne est devenu une pièce technique, jetable, interchangeable, élément d'une mécanique en accélération constante au service de la seule loi du profit. Tels sont *Les Temps modernes* : l'évocation du vacillement de l'être humain qui prend la forme comique de l'acte maladroit.

Cécile Giraud souligne :

> Le sens profond de la « maladresse » de Chaplin, c'est que sa lutte contre la perfidie des objets révèle non seulement leur nature démoniaque, mais encore que de cette manière les choses deviennent des partenaires qui lui sont équivalents, sinon supérieurs. S'ils triomphent de Chaplin, c'est parce que son humanité « non réifiée » ne peut pas s'adapter aux mécanismes[6].

Chaplin est la figure de l'être humain refusant de devenir la pièce d'un dispositif technique qui va néanmoins finir par tout emporter.

Fin avril 1934, Chaplin a mis au point un scénario. La préparation du film s'organise, des décors sont construits. Le 4 septembre, Paulette, dont Chaplin a racheté le contrat avec Hal Roach, signe son contrat d'engagement.

Chaplin reste un artisan du cinéma. Alors que les studios des grandes firmes sont devenus de véritables usines à films, il continue à travailler depuis quinze ans dans le même groupe de petites villas à l'allure de cottages qui, pour les journalistes américains, apparaissent désormais désuètes et vieillottes. Si son mode de production demeure ancien, le film éclaire résolument la modernité. Il s'ouvre sur une scène au symbolisme évident qui associe moutons en train d'être tondus et ouvriers sortant d'une usine. Charlot est désormais un ouvrier qui travaille à une chaîne de montage selon un rythme inhumain. Allant jusqu'au bout de cette inhumanité, Chaplin imagine une machine à gaver dont la fonction est d'éviter aux ouvriers de perdre du temps à se nourrir pour qu'ils puissent se consacrer tout entiers à leur travail. L'utilisation de cette machine sur Charlot s'avérant un échec, le directeur de l'usine ordonne d'augmenter la cadence de la chaîne. Charlot n'est plus alors qu'un pantin entraîné dans un mouvement de folie qui finit par prendre des boutons de vêtements féminins pour des boulons et asperge d'huile contremaîtres, agents de police et infirmiers.

La suite du film est racontée par Chaplin lui-même : « La séquence de l'usine s'achevait sur la vision de Charlot pris d'une dépression nerveuse. L'intrigue se développa à partir de l'enchaînement naturel des événements. Une fois guéri, il est arrêté et rencontre une gamine qui, elle aussi, a été arrêtée pour avoir volé du pain. Ils se rencontrent dans une voiture de police pleine de délinquants. L'histoire devient désormais celle de deux anonymes essayant de se débrouiller dans les temps modernes. Ils sont pris dans la crise, les grèves, les émeutes et le chômage[7]. » En fuite, tous deux se réfugient dans une cabane en planches, au bord de la mer. Pour survivre, Charlot devient veilleur de nuit dans un grand magasin et se livre à un ballet en patins à roulettes pour éblouir la jeune fille. Pris pour un voleur, il est remis en prison tandis que sa compagne d'infortune est engagée comme danseuse dans un cabaret sordide. Lui-même, devenu garçon de café, se livre à une démonstration de ses talents de chanteur. Retrouvée par la police, la gamine s'enfuit de justesse avec Charlot et, dans le dernier plan du film, tous deux, de dos, s'éloignent sur une route, bras dessus, bras dessous. « Nous nous débrouillerons », murmure Charlot à sa compagne.

Dans ce film, Chaplin, loin de mettre en place une construction rigoureuse et dramatique de l'intrigue, multiplie des séquences et des histoires qui se juxtaposent comme si cette structure narrative illustrait à son tour un vagabondage narratif alors que le personnage de Charlot n'est plus vraiment à l'écran une figure du vagabond. Roland Barthes souligne l'importance de la figure du prolétaire dans ce film :

> C'est le prolétaire encore aveugle et mystifié, défini par la nature immédiate de ses besoins et son aliénation totale aux mains de ses maîtres (patrons et policiers). Pour Charlot, le prolétaire est encore un homme qui a faim : les représentations de la faim sont toujours aussi épiques chez Charlot : grosseur démesurée des sandwiches, fleuves de lait, fruits qu'on jette négligemment mordus ; par dérision, la machine à manger (d'essence patronale) ne fournit que des aliments parcellés et visiblement fades. Englué dans sa famine, l'homme-Charlot se situe toujours juste au-dessous de la conscience politique : la grève est pour lui une catastrophe parce qu'elle menace un homme réellement aveuglé par la faim ; cet homme ne rejoint la condition ouvrière qu'au moment où le pauvre et le prolétaire coïncident sous le regard (et les coups) de la police. [...] Or, Charlot, conformément à l'idée de Brecht, montre sa cécité au public de telle sorte que le public voit à la fois l'aveugle et son spectacle ; voir quelqu'un ne pas voir, c'est la meilleure façon

de voir intensément ce qu'il ne voit pas : ainsi, au Guignol, ce sont les enfants qui dénoncent à Guignol ce qu'il feint de ne pas voir[8].

La première scène du film est tournée le 11 octobre 1934. Il sera achevé moins d'un an plus tard, le 30 août 1935. Demeure la question de la sonorisation du film. Si, ouvertement, il affiche toujours une durable hostilité au parlant, dans le privé, Chaplin se révèle désormais nettement plus hésitant. À la fin du mois de novembre 1934, Paulette et lui font des essais de son qui s'avèrent être agréables à écouter. Chaplin élabore un script de dialogues pour l'ensemble des scènes, mais finalement, après quelques essais, le tournage de scènes avec dialogues est abandonné. Dans le film, Chaplin n'utilisera que la musique et des effets sonores, même si on entend sa voix à un moment du film, lors de la scène où Charlot improvise sur l'air populaire mondialement connu de *Je cherche après Titine*, une chanson faite d'un charabia qui amalgame, dans des mots dépourvus de signification, des sonorités de l'anglais, de l'allemand, de l'italien, de l'espagnol, du russe et peut-être du yiddish :

Se bella piu satore, je notre so catore,
Je notre qui cavore, je la qu', la qui, la quai !
Le spinash or le busho, cigaretto toto bello
Ce rakish spagoletto, si la tu, la tu, la tua !
Senora Pelafima, voulez-vous le taximeter,
La zionta sur le tita, tu le tu le wa[9] !

La technique, en ébranlant le statut de l'être humain, ôte la parole. Comme l'écrit Joël Magny : « En refusant le parlant, le cinéaste oblige le spectateur à s'interroger sur l'évolution technologique et ce qu'elle entraîne. En parlant, Charlot était condamné à répéter le discours des autres, y compris celui que "la Gamine" inscrit sur sa manchette[10]. » Le recours au muet, pour le dire autrement, a valeur esthétique et critique bien plus que dans les films précédents :

> Le recours au muet dans *Les Temps modernes* permet de radicaliser la pensée profonde de Chaplin sur la société, qui résulte moins d'une critique du capitalisme que d'une observation très sombre de l'automatisation de l'individu. Ainsi, de manière significative, la seule parole que l'on entend dans ces séquences est celle de l'autorité (le patron, la voix de la machine à faire manger), parole elle-même diffusée par les machines (les écrans)[11].

La seule voix entendue est celle issue de la machine qui, elle-même, fait autorité et qui, diffusée à tout le personnel de l'usine, n'autorise aucune réplique. Comme le vagabond, l'ouvrier est l'homme sans parole parce que la parole est devenue celle de la machine.

Mais la technique peut aussi permettre paradoxalement à l'être humain de se reconstruire. La chanson entonnée par Charlot, la création de langage qui est la sienne désignent cet effort de naître à la parole et donc à lui-même par l'art et la technique du cinéma. Il y a une démiurgie du cinéma qui, pour Chaplin, peut pallier les insuffisances et les désordres du monde et de la société. Après avoir montré la ruine de l'être humain par *Les Temps modernes*, Chaplin, au fil de ses films, s'invente par le cinéma, jusqu'à ce que s'efface inévitablement le personnage de Charlot.

Après deux avant-premières à San Francisco et à Glendale, destinées à procéder aux derniers ajustements, le film est officiellement lancé au Rivoli de New York le 5 février 1936 et le 11 au Tivoli de Londres. Les réactions du public sont, une fois de plus, enthousiastes mais la presse est divisée. Certains journalistes regrettent la confusion des genres et déplorent que Chaplin soit sorti du pur comique ; d'autres, au contraire, critiquent le manque d'ambition du film qui n'est pas à la hauteur de son sous-titre : « L'histoire de l'industrie, de l'entreprise individuelle — la croisade de l'humanité à la poursuite du bonheur. » Quoi qu'il en soit, la presse Hearst, tout comme le ministre de la propagande nazie, le Dr Goebbels, s'accordent pour dénoncer les travers politiques du film. *Les Temps modernes* seront d'ailleurs interdits en Allemagne. De fait, le rendement financier du film sera relativement médiocre.

Des menaces de kidnapping contre ses enfants viennent assombrir la vie personnelle de Chaplin. Pour les protéger, il engage des gardes du corps. Lui-même annonce dans la presse que, s'il était enlevé, aucune rançon ne devrait être versée. Le cinéma reprend à nouveau ses droits. Chaplin est repris par sa fascination ancienne pour Napoléon. Il a été impressionné par le *Napoléon* d'Abel Gance sorti sur les écrans en 1927, et aimerait, quant à lui, montrer un Napoléon qui, tout en ayant de grands projets, oublie tout lorsque passe une femme. On voit que la biographie de Chaplin n'est pas sans interférer avec son interprétation de la vie de l'Empereur. Durant son dernier voyage en Europe et en Asie, Chaplin a tenté d'acheter les droits du roman de Jean Weber, *La Vie secrète de Napoléon Ier*, mais l'affaire ne s'est finalement pas faite. Chaplin ne renonce pas pour autant à son projet. Durant l'été 1934, un jeune Anglais de vingt-cinq ans, Alistair Cooke, avec lequel Chaplin a sympathisé, travaille, à sa demande, à rédiger un script à partir du *Mémorial de Sainte-Hélène* de Las Cases, mais l'entreprise finit à son tour par avorter.

En 1934, après de nouvelles négociations, Chaplin acquiert pour huit ans les droits du livre de Jean Weber. Une adaptation sous forme de script est faite par Jean de Limur mais celle-ci ne ménage pas un rôle suffisamment important à Paulette et ne s'avère pas satisfaisante. Chaplin travaille alors avec John Strachey, un intellectuel de gauche anglais, tenté par le communisme, sur un nouveau scénario. Celui-ci est achevé en 1937 et déposé sous le titre : *Napoléon rentre de Sainte-Hélène*. Le script imagine que Napoléon réussit à s'enfuir de Sainte-Hélène grâce à un double qui prend sa place. L'Empereur se retrouve alors dans une Europe radicalement nouvelle où règnent boutiquiers et commerçants. N'ayant plus sa place dans ce monde qui a déserté l'héroïsme, Napoléon, méconnu de tous, finit comme un vieux vagabond et assiste en spectateur anonyme au retour de ses propres cendres en 1840.

Non seulement l'identification entre Napoléon et Chaplin s'affine à travers la figure du vagabond mais ce que laisse paraître ce projet, c'est combien le vagabond est emblématique de la fragilisation de l'être par le capitalisme. Le pouvoir est désormais celui de l'argent, ce qui fera dire à Chaplin, en 1931, que « les dictateurs actuels sont des pantins que manœuvrent les industriels et les financiers[12]. »

Il existe des photos de Chaplin déguisé en Napoléon. Mais une fois de plus le projet est abandonné, et définitivement, sauf à penser que, dans l'esprit de Chaplin, le personnage de Napoléon permet d'évoquer, par différence, celui de Hitler qui prend l'apparence de Hynkel dans *Le Dictateur*.

Le 17 février 1936, Chaplin, Paulette, sa mère et le valet de chambre Frank Yonamori, s'embarquent à destination de Honolulu. Chaplin, ayant appris que la destination finale du paquebot est Hong Kong, décide de rester à bord car il souhaite faire découvrir l'Extrême-Orient à Paulette, malgré les protestations de celle-ci qui n'a pas emporté une garde-robe adaptée. À bord du bateau, Chaplin fait la rencontre de Jean Cocteau qui voyage en compagnie de son amant, Marcel Kill. Sur la suggestion de Jean Prouvost, le directeur de *Paris-Soir*, Cocteau est parti en reportage faire un tour du monde en quatre-vingts jours, à l'instar des personnages de Jules Verne. Le reportage paraîtra dans

Paris-Soir entre le 1ᵉʳ août et le 3 septembre, puis en volume, en 1937, sous le titre *Mon premier voyage*.

Cocteau écrira que sa rencontre inattendue avec Chaplin a été pour lui le miracle de son voyage et que tous deux ont communiqué grâce à la parole et la langue des gestes, une langue primordiale improvisée de poète qui est aussi la langue du cœur. Selon lui, le partage d'un tel langage conduit les deux hommes à évoquer l'essentiel et à délaisser l'aide de Paulette, qui aurait pu leur servir d'interprète. Chaplin aurait évoqué ses projets futurs, suggérant que l'un de ses prochains rôles pourrait être celui d'un clown fatigué, tel qu'il apparaîtra, en effet, dans *Les Feux de la rampe*. Évoquant *Les Temps modernes*, il aurait avoué que le film manque d'unité par excès de travail sur certaines scènes.

Le témoignage de Chaplin est moins enthousiaste : la conversation avec Cocteau aurait été traduite par le compagnon de celui-ci et se serait prolongée tard dans la nuit. Mais l'obstacle de la langue aurait peu à peu étouffé à ses yeux l'intérêt de la rencontre et du dialogue. Et l'acteur-cinéaste et le poète, pendant tout le reste du voyage, se seraient ingéniés à s'éviter.

Pendant la traversée, Chaplin travaille et écrit, inspiré par les scènes que suscite le voyage. À bord du navire, Paulette, Chaplin et Cocteau assistent au bar, le Vénus, à une folle soirée où des marins américains dansent avec des taxi-girls. C'est cette scène qui, trente ans plus tard, va inspirer le scénario de *La Comtesse de Hong Kong*. Chaplin se met à rédiger l'ébauche d'une histoire racontant comment une jeune comtesse russe « blanche » qui, pour survivre, se prostitue, s'introduit clandestinement dans la cabine d'un diplomate américain pour fuir le sort qui est le sien.

Paulette, devenue une star, souhaite obtenir de nouveaux grands rôles. Elle se lance dans la course pour décrocher le rôle de Scarlett O'Hara dans *Autant en emporte le vent*. Si elle possède le physique du rôle, elle apparaît trop liée à Chaplin. Elle passe un bout d'essai et tourne deux scènes sous la direction de George Cukor. Le producteur d'*Autant en emporte le vent*, David O. Selznick est séduit et l'envoie à La Nouvelle-Orléans pour travailler à prendre l'accent du Sud. Le producteur s'est presque décidé à la choisir pour le rôle de Scarlett lorsque se répand la rumeur que Paulette Goddard et Charlie Chaplin ne sont pas mariés. Pour savoir ce qu'il en est, la presse harcèle le couple de questions qui demeurent sans réponse. Le rôle finit par échapper à Paulette, même si, bien des années plus tard, Chaplin avouera qu'ils se sont mariés pendant leur croisière en Extrême-Orient. Il faut dire aussi que Paulette néglige ses cours de théâtre au profit de soirées légères, ce qui déprime Chaplin qui préférerait qu'elle mène une vie plus paisible : « Paulette et moi étions mariés depuis un an mais un fossé ne cessait de s'élargir entre nous[13]. »

Paulette s'éloigne de plus en plus de Chaplin. Lors d'une soirée, au printemps de 1937, le couple est invité chez l'acteur Edward G. Robinson. Les invités sont prestigieux : sont présents Igor Stravinsky, Marlene Dietrich, King Vidor et son épouse, Douglas Fairbanks et sa compagne, le compositeur George Gershwin. Ce dernier, devenu une célébrité musicale grâce à ses œuvres, *Rhapsody in Blue* (1924), *Un Américain à Paris* (1928), *Porgy and Bess* (1935) est séduit par Paulette dès qu'il la voit. Paulette est séduite à son tour et abandonne la demeure de Summit Drive. Tous deux vont vivre une intense histoire amoureuse de quatre mois. Pendant ce temps, Chaplin, insensible, semble-t-il à ce départ, travaille à un nouveau scénario :

Comment pouvais-je me jeter dans les caprices féminins, avoir l'esprit au romanesque ou aux problèmes de l'amour quand la folie s'agitait sous l'impulsion d'un horrible grotesque, Adolf Hitler[14] ?

Chaplin contre Hitler

Chaplin n'est pas seulement un amuseur, il veut marquer l'Histoire et il va montrer avec génie qu'un comique peut lui lancer un défi, incarner l'humanisme en lutte contre la barbarie. Le cinéma et, plus précisément, la réalisation d'un film, *Le Dictateur*, seront l'instrument de cette lutte. Comme le souligne David Robinson : « *Le Dictateur* reste un phénomène sans précédent, un incident épique dans l'histoire de l'humanité : le plus grand clown, la personnalité la plus aimée de son époque, jetait un défi direct à l'homme qui avait provoqué les plus grands crimes et les plus grandes misères humaines de l'histoire moderne[1]. »

Chaplin assiste avec inquiétude à la montée des périls, qu'il s'agisse de l'installation du régime nazi en Allemagne ou de la guerre d'Espagne. Depuis son accession au pouvoir en 1933, Hitler, avec l'appui des grands industriels allemands, a fait redémarrer l'économie de son pays en lançant celui-ci dans une course à l'armement. Les troupes allemandes et italiennes interviennent en Espagne pour appuyer Franco. Chaplin ne cache pas sa sympathie pour la cause républicaine et est bouleversé par l'agression japonaise contre la Chine en 1937. Il assiste avec anxiété aux événements qui mènent inexorablement l'Europe vers la guerre : la fausse paix de Munich, l'Anschluss, l'annexion de la Tchécoslovaquie :

> La guerre était de nouveau dans l'air. Les nazis étaient en marche. Comme nous avions vite oublié la Première Guerre mondiale et la torture de ces quatre années d'agonie ! Comme nous avions vite oublié les consternants débris humains : les culs-de-jatte, les manchots, les unijambistes, les aveugles, les gueules cassées, les paralysés ! Car nombreux furent ceux qui revinrent avec un esprit déformé. Comme un Minotaure la guerre avait englouti la jeunesse, ne laissant pour survivre que des vieillards cyniques[2].

Dès 1937, le réalisateur Alexander Korda a suggéré à Chaplin de faire un film sur Hitler en s'appuyant sur sa ressemblance avec le dictateur — ils portent la même moustache. En outre, Chaplin a compris, bien avant d'autres, sans doute, que la forme moderne de la politique était le spectacle, ce dont témoignent les grandes mises en scène organisées par le parti à Nuremberg sous l'égide de l'architecte Albert Speer et de la cinéaste Leni Riefenstahl. C'est donc sur le terrain du spectacle, qui est aussi le sien, que Chaplin va affronter Hitler qui est lui-même, avant tout, un acteur. L'homme de spectacle va ainsi pouvoir, grâce à son premier film parlant, démonter les ressorts de la propagande hitlérienne. Dans ce nouveau monde de l'image, la fiction cinématographique est à même de disséquer la facticité de la propagande politique totalitaire. Telle est aussi la vérité d'un septième art naissant.

Ce qui est, en outre, surprenant, c'est que les biographies de Chaplin et de Hitler présentent certaines similarités. Ils sont nés à quatre jours d'intervalle, ont mené à leurs débuts une vie misérable, ont eu une mère instable qu'ils ont adorée, possèdent une même petite moustache et mobilisent les foules. Ils sont la figure inversée l'un de l'autre, comme si Chaplin se révélait être le bouffon qui, de l'autre côté du monde libre, parodie le Führer, en exhibe le grotesque. Le combat que mène Chaplin contre Hitler possède une ampleur inédite : il incarne celui du bien contre le mal, du comique contre le tragique. Pourtant, bien des années plus tard, Chaplin admettra qu'il n'a livré ce combat que parce qu'il ignorait l'étendue des destructions humaines provoquées par le Troisième Reich et l'existence du génocide juif :

> Si j'avais connu les réelles horreurs des camps de concentration allemands, je n'aurais pas pu réaliser *Le Dictateur* ; je n'aurais pas pu tourner en dérision la folie homicide des nazis[3].

Le premier rôle féminin est destiné à Paulette, qui enchaîne les succès à la Paramount. Chaplin, quant à lui, a pris ses quartiers à Pebble Beach, au sud de San Francisco, qu'il nomme « le séjour des âmes perdues » et où se côtoient demeures abandonnées et demeures de milliardaires. Il est hébergé par D. L. James qui vit dans une bâtisse de style espagnol perchée sur une falaise surplombant la mer. C'est là qu'il rencontre le fils de celui-ci, Dan James, apprenti écrivain et marxiste déterminé. Chaplin propose de l'engager, au salaire de 80 dollars par semaine, pour l'aider à écrire un scénario ayant Hitler pour thème principal.

Trois mois durant, Dan James se rend à la demeure de Summit Drive, prenant des notes tandis que Chaplin suggère des gags et des développements de l'intrigue. Selon le jeune homme, Chaplin développe alors une vision politique qui est un anarchisme, la traduction d'un vagabondage qui est aussi la liberté appliquée aux idées.

> Charlie se disait anarchiste. Les gens de gauche le fascinaient [...]. L'opulence et les préjugés le révoltaient. Sa compassion vis-à-vis des déshérités était réelle. C'était certainement un libertaire. Il avait compris très tôt que Staline était un dangereux dictateur [...]. Le pacte germano-soviétique l'horrifiait.
> Pour ce qui est de Hitler, il est facile, après coup, de dire que Chaplin l'a peint trop léger. Il faut se rappeler que le film fut conçu avant Munich et que Chaplin l'avait sans doute présent à l'esprit depuis plusieurs années. Le sentiment général était alors que ce monstre n'était pas aussi terrible qu'il en avait l'air. C'était du toc et il fallait le montrer comme tel[4].

Dans un premier scénario, un sosie juif d'Adolphe Hitler est extrait d'un camp de concentration par des conspirateurs en chemises brunes et prend sa place. Une femme qui cherche à assassiner le Führer est frappée par sa détresse et l'aide à s'enfuir en Suisse. Cette première ébauche de scénario déchaîne des tempêtes : au nom du Troisième

Reich qui ne peut admettre qu'on puisse confondre Hitler et un sosie juif, le consul nazi à Hollywood et l'ambassadeur à Washington menacent les producteurs américains d'un boycott général de leurs films en Allemagne. Ces derniers, peu désireux de s'aliéner le marché allemand, exercent en réponse des pressions sur Chaplin pour le forcer à renoncer à ce nouveau projet, sans que protestent les autorités officielles américaines.

Mais Chaplin ne se laisse pas impressionner. Le script final prend à son tour appui sur la ressemblance physique entre le dictateur et un petit barbier juif. Lors de la Première Guerre mondiale, un soldat maladroit, interprété par Chaplin, sauve la vie du pilote Schultz. Après quelques années passées à l'hôpital, le soldat, devenu amnésique, reprend son métier de barbier dans sa boutique qui est située dans le ghetto juif. Adenoid Hynkel, qui ressemble beaucoup au barbier, est devenu le dictateur de Tomanie et a mis en place une politique de discrimination contre les Juifs. Arrêté lors d'une rafle, parce que juif, le barbier est accusé de comploter contre le régime et finit par se retrouver en prison avec Schultz, le héros aviateur de la Première Guerre mondiale. Tous deux s'évadent alors que la Tomanie envahit l'Österlich. Les soldats partis à la poursuite des deux fugitifs confondent Hynkel et le barbier : tandis que Hynkel est arrêté, le barbier, prenant la place du dictateur, improvise un discours à la radio qui proclame la vertu des valeurs humanistes.

Le 16 janvier 1939 débute la préparation du tournage. Chaplin fait projeter à l'équipe du film des anciennes réalisations telles que *Charlot soldat,* mais aussi les actualités concernant Hitler. L'une des scènes d'actualité que Chaplin se fera projeter plusieurs fois est celle, plus tardive, qui montre Hitler esquissant un pas de danse, une fois descendu du wagon où est signée l'armistice de juin 1940. « Cette scène fascinait Chaplin et il s'exclamait : "Oh toi, espèce de bâtard, fils de pute, espèce de porc, je sais ce que tu as en tête"[5]. »

Quelques jours plus tard, le 21 janvier, Sydney, accompagné de sa nouvelle femme française, Gipsy, après avoir quitté la France, tant la situation internationale devient inquiétante, revient travailler au studio qu'il a quitté une vingtaine d'années plus tôt. Pendant le tournage, Chaplin apprend la mort de Douglas Fairbanks, le 12 décembre 1939, ce qui est un choc terrible pour lui car c'était le seul véritable ami qu'il avait à Hollywood.

Le script définitif du film, qui est achevé le 1er septembre, est des plus élaborés : long de trois cents pages, il se subdivise en 25 sections, désignées, chacune, par une lettre de l'alphabet, et paginées séparément, ce qui, lors du tournage, permettra d'identifier chaque prise. L'un des assistants-metteurs en scène engagés à cette occasion est Wheeler Dryden, le demi-frère de Chaplin. Le rôle féminin du film est à nouveau destiné à Paulette, qui arrive à Hollywood le 29 juillet. Durant tout le tournage du film, Chaplin et son épouse, quoique séparés, vont néanmoins cohabiter à Summit Drive.

Le 9 septembre 1939 démarre le tournage, alors que le 3 septembre la France et la Grande-Bretagne ont déclaré la guerre à l'Allemagne qui, deux jours plus tôt, a envahi la Pologne. Bien qu'il ne délaisse pas l'esthétique du muet, ce dont témoigne l'ouverture qui, reprenant les procédés d'un film tel que *La Grève* (1924) de Eisenstein, place à la suite un plan montrant un troupeau de moutons et un plan de foule, le film est sonorisé. La pantomime ne suffit plus pour lutter contre le nazisme, il y faut le secours de la parole.

Le tournage se poursuit quasiment sans interruption jusqu'au mois de mars 1940. Chaplin filme d'abord les scènes du ghetto avec le barbier et ce n'est qu'en novembre qu'il tourne celles de guerre. En décembre, de manière tout à fait séparée, Chaplin tourne les séquences où apparaît Hynkel. Le changement de personnage provoque une métamorphose psychologique de Chaplin. Plusieurs témoins du tournage ont ainsi noté que lorsque Chaplin revêtait l'uniforme de dictateur de Hynkel, son comportement se modifiait : il devenait plus brusque, plus cassant, plus autoritaire avec autrui. Chaplin notera lui-même avec le recul combien le fait de revêtir les attributs de l'autorité possède un effet dangereux sur les individus.

Quelques jours avant Noël, Chaplin tourne l'une des scènes les plus fortes du film, lorsque Hynkel danse avec le globe terrestre dans une pantomime qui a valeur d'allégorie : le nazisme vise à une entreprise de domination mondiale et joue avec le destin de l'humanité. Certes, une scène de bouffonnerie telle que la rencontre entre Hynkel et Napaloni (condensé de Napoléon et de Mussolini) recourt aux vieux procédés comiques venus de Mack Sennett. Mais le film, par sa visée, et du fait du recours au parlant, est profondément nouveau.

En mars 1940, il ne reste plus qu'à tourner le discours final du barbier qui s'est substitué à Hynkel. Pendant trois mois, Chaplin travaille à rédiger le texte de ce discours, malgré des avis négatifs de plusieurs membres de l'équipe pour qui un tel film ne peut se terminer par un discours s'apparentant à de la propagande, voire à une déclaration politique. Mais Chaplin s'en moque : il veut, en effet, parler au monde et, le 24 juin, il enregistre le discours qui est un fervent hymne à l'humanisme :

> La vie peut être libre et belle, mais nous nous sommes égarés. La cupidité a empoisonné l'âme humaine, elle a dressé dans le monde des barrières de haine, elle nous a fait marcher au pas de l'oie vers la misère et le massacre. Nous avons découvert le secret de la vitesse, mais nous nous sommes cloîtrés. La machine qui produit de l'abondance nous a appauvris. Notre science nous a rendus cyniques ; notre intelligence nous a rendus cruels et sans pitié. Nous pensons trop et nous ne sentons pas assez. Nous avons besoin d'humanité plus que de machines. Plus que d'intelligence nous avons besoin de bonté et de douceur. Sans ces qualités, la vie ne sera que violence et tout sera perdu. [...]
> Les dictateurs se libèrent mais ils asservissent le peuple. Luttons maintenant pour libérer le monde, pour abattre les barrières entre les nations, pour en finir avec la cupidité, la haine

et l'intolérance. Luttons pour un monde bâti sur la raison, un monde où la science et le progrès conduiront au bonheur universel. Soldats, au nom de la démocratie, unissons-nous[6] !

Chaplin, à travers le personnage du barbier juif, incarne un personnage offensif qui n'est plus la victime que représentait Charlot. De même Hannah, interprétée par Paulette, ressemble bien peu aux pauvres filles jouées par Edna Purviance. Elle est elle-même une combattante qui sait se révolter face à l'inacceptable. Le film n'est plus simplement une pantomime burlesque. Il mène un combat qui se déplace au niveau de la parole. Ce que met en avant Chaplin, c'est que la barbarie, dans une société où se développent de nouveaux médias tels que la radio, le cinéma parlant, commence avec les mots. Les mots, par leur brutalité, font ployer le micro devant lequel parle Hynkel. De même la violence du discours du dictateur diffusé par des haut-parleurs dans le ghetto oblige le barbier à se barricader chez lui pour tenter de se protéger. La barbarie, dans un siècle de médias, commence avec le langage, c'est là une intuition remarquable qui sera au cœur du livre du philologue allemand persécuté par les nazis Victor Klemperer, *LTI, la langue du Troisième Reich*. Voilà pourquoi Chaplin a si longtemps résisté au parlant. Voilà pourquoi aussi la parole doit être reprise au service d'un combat pour l'homme et la démocratie. Tout au long de la scène finale, le barbier s'efface peu à peu devant Chaplin qui, les yeux dans les yeux, s'adresse au spectateur via la caméra et prononce un discours de plus en plus assuré qui dure plus de six minutes. Par sa longueur, ce discours constitue, à n'en pas douter, une revanche définitive sur le silence des films muets. Chaplin met en avant les paradoxes de la modernité dans lesquels nous continuons à nous débattre : la science est source de progrès comme de dévoiement, la technique est source de libération comme d'asservissement, de richesse comme de pauvreté.

Les temps modernes présentent une ambiguïté qui partage les êtres. *Le Dictateur* lui-même incarne l'être double qu'est Chaplin à ses propres yeux et qu'a si bien incarné le personnage de Charlot. La crise constitutive de la vie de Chaplin qui le rend étranger à lui-même, qui le pousse à toujours mesurer la part d'ombre qui est la sienne, comme tout être humain, lui permet de mieux saisir la schizophrénie du monde moderne dont les progrès scientifiques et techniques peuvent rendre oublieux de toute humanité.

Le discours final exhibe ostensiblement cette dualité. Ce n'est pas par une ultime déclaration politique qu'il s'achève, mais par une invocation directe à Hannah, le personnage joué par Paulette Goddard qui est aussi évidemment, du fait de l'identité des prénoms, une invocation à sa mère :

Hannah, est-ce que tu m'entends ? Où que tu sois, lève les yeux ! Lève les yeux, Hannah ! Les nuages se dissipent ! Le soleil perce ! Nous émergeons des ténèbres pour trouver la lumière ! Nous pénétrons dans un monde nouveau, un monde meilleur, où les hommes domineront leur cupidité, leur haine et leur brutalité. Lève les yeux, Hannah ! L'âme de l'homme a reçu des ailes et elle commence à voler. Elle vole vers l'arc-en-ciel, vers la lumière de l'espoir. Lève les yeux, Hannah ! Lève les yeux[7] !

Le discours du dictateur, qui est à la fois une parole retrouvée et détournée, fait écho, par-delà les années, à la perte de voix de Hannah sur scène qui détermine le destin de Chaplin. Il exprime l'espoir d'une reconstruction humaniste des êtres, aliénés à eux-mêmes par le monde technique et capitaliste, il est, par l'image, la reconstruction d'une identité et par le recours au parlant, la mise en forme ostensible d'une parole devenue discours.

Le recours au parlant, en cela, n'est pas le simple abandon à une innovation technique devenue incontournable, il prend sens dans une quête de soi symbolisée par la figure de Charlot, le vagabond. Celui-ci est pris dans une errance qui n'est en fait qu'une recherche de soi à travers une quête de la parole. C'est le cinéma qui permet d'accéder au but de cette quête, une parole retrouvée parce qu'elle est médiatisée en devenant le clou d'un spectacle. Hannah avait perdu la parole lors d'un spectacle. Conjurant la malédiction de cette perte, Chaplin la recouvre lors d'un autre spectacle et prend à témoin Hannah, la mère plus que l'amante, de ce retour à la parole, en une sorte d'invocation spirite (« Hannah, est-ce que tu m'entends ? »).

Comme le remarque justement Nadia Meflah : « Chaplin parle. Sa parole jusque-là muette, étouffée, durant des décennies, prend sa revanche. Elle se déverse abondante, stridente et injurieuse avec le petit dictateur. Le cinéma parlant de Chaplin se resserre sur le visage et la bouche. De cette restriction, de ce corps borné (à double sens), le cinéaste fera sa matière esthétique. Charlie Chaplin a toujours rêvé d'interpréter des grands déclamateurs, des obsédés du verbe, tels Hamlet, Jésus, Napoléon[8]. »

Le barbier juif annonce par là même la mort définitive de Charlot. Plus besoin d'errer et de vagabonder, la parole qui rend familier à soi, qui conjure le malheur social, technique, économique, politique, a été retrouvée. Le cinéma délivre du réel. En témoigne un incident chargé de sens. Chaplin se rend à la salle des Filles de la Révolution américaine à Washington pour réciter à la radio le discours du *Dictateur*. La salle, où sans doute sont présents des pronazis, demeure bruyante alors que Chaplin a commencé à parler. Soudain, troublé, au beau milieu du discours, Chaplin s'interrompt et semble avoir perdu la voix. Il réclame un verre d'eau. Le silence s'installe dans la salle. Un peu d'eau lui est apporté dans une feuille de papier pliée. Deux minutes s'écoulent. Chaplin se racle la gorge, puis reprend le fil du discours. Chaplin a conjuré la fatalité familiale. Il sait désormais qu'il n'est pas condamné à répéter la scène primordiale de la perte maternelle de la voix. Restera, pour Chaplin, dans les films à venir, à construire une parole et une unité de soi, tout comme une cohérence avec le monde.

Le 1er septembre 1940, après plusieurs semaines de travail sur la sonorisation, une copie du film est achevée. Chaplin le montre d'abord à Paulette, King Vidor et son épouse, au réalisateur et producteur Lewis Milestone et à sa femme, ainsi qu'à trois assistants, puis, quelques jours plus tard, après quelques modifications, aux représentants de la United Artists. Comme il l'a déjà fait, pour mesurer la réaction des premiers spectateurs et améliorer le film, il organise ensuite des projections privées. Le 5 septembre, une séance a lieu au Riverside Theatre à destination de toute l'équipe. Chaplin modifie le montage pour accélérer le rythme du film. Après avoir procédé au doublage final, le 3 octobre, il invite à une nouvelle projection un groupe d'amis. L'avant-première destinée à la presse a lieu, moins de deux semaines plus tard, au Carthay Circle Theatre de Los Angeles et à l'Astor Theatre de New York.

La première mondiale du film se déroule à New York, le 15 octobre 1940. Certains critiques sont réservés tant il semble que le Hitler de 1940 est bien différent de Hynkel et ne peut plus être considéré comme un simple bouffon. Ils jugent le discours final inadapté et rempli de naïveté. La presse Hearst, ouvertement réactionnaire, défendant des positions isolationnistes, tire à boulets rouges sur le film et y voit une provocation communiste. Roosevelt lui-même, pour lequel Chaplin nourrit une grande admiration, se montre froid et réservé. Il se borne à reprocher à Chaplin de contribuer par son film à compliquer les relations entre les États-Unis et l'Argentine favorable à l'Allemagne nazie.

Le succès auprès du public est cependant considérable et s'accroît encore lorsque l'Amérique est attaquée par le Japon à Pearl Harbor, le 7 décembre 1941, et entre à son tour dans la guerre. Pourtant, comme le suggère Jérôme Larcher : « D'une certaine manière, le film creuse un malentendu qui sourd depuis plusieurs années entre Chaplin et l'Amérique, malentendu qui prendra des proportions dramatiques dans les années qui suivront[9]. » Lorsque le film sort à Londres, le 16 décembre 1940, alors que la Luftwaffe pilonne de ses bombes l'Angleterre, le public, dépourvu de toutes réserves, applaudit à tout-va ce film qui vient conforter un pays tout entier engagé dans une résistance à l'offensive nazie.

L'étrange *Monsieur Verdoux*

Lors de la première du *Dictateur*, Chaplin présente enfin officiellement Paulette comme son épouse, peut-être pour désarmer les associations féminines américaines promptes à une réprobation morale. L'aveu vient bien tard cependant car, à cette époque, Chaplin et Paulette vivent séparés.

Paulette revient à Summit Drive pour accueillir pendant deux semaines H. G. Wells qui effectue une tournée de conférences aux États-Unis. Elle obtient le divorce au Mexique en 1942, recevant en dédommagement une forte somme que la rumeur, sans doute exagérée, estimera à un million de dollars, ainsi que le yacht *Panacea*. Elle conservera, après le divorce, des relations cordiales avec Chaplin et continuera à voir, de temps en temps, les fils de celui-ci.

Revenu en Californie le 30 avril 1941, Chaplin mène une vie sédentaire et s'adonne à sa passion pour le tennis, jouant avec les grands champions de l'époque, Budge, Perry, Tilden, Pauline Betz, Helen Wills. La bonne société hollywoodienne se presse à ces matchs qui ont lieu chaque dimanche. L'une des invitées, âgée de vingt-deux ans, passionnée de cinéma, se nomme Joan Barry. Venue de Brooklyn et désireuse de tout faire pour « arriver », elle déploie tous ses charmes pour séduire Chaplin. Lorsqu'il évoque devant elle le projet d'adapter au cinéma la pièce *Shadow and Substance* de Paul Vincent Carroll, Joan Barry répond qu'elle a vu la pièce et aimerait jouer le rôle féminin de Bridget. Chaplin ne prend pas cette suggestion au sérieux mais fait faire quelques essais à la jeune femme qui s'avèrent concluants. Croyant avoir découvert un nouveau talent, Chaplin signe un contrat avec Joan Barry pour une durée d'un an.

Cependant, dès le printemps 1942, elle donne rapidement des signes de plus en plus marqués d'instabilité mentale. Souvent ivre, elle démolit la Cadillac de Chaplin et brise des fenêtres de la maison de Summit Drive lorsqu'un jour il refuse de lui ouvrir. Le contrat est rompu par consentement mutuel le 22 mai 1942. Chaplin croit, à tort, qu'il en a fini avec elle. Il consacre la fin de l'année 1941 à effectuer un nouveau montage sonore de *La Ruée vers l'or*. L'attaque de l'aviation japonaise sur Pearl Harbor perturbe l'existence de Chaplin car son personnel japonais est interné et remplacé par des domestiques anglais dont la lenteur l'exaspère. Chaplin, par conviction et parce qu'il ne veut pas subir les mêmes accusations que lors de la Première Guerre mondiale, décide de participer vigoureusement à l'effort de guerre. Il ne partage pas, cependant, l'antisoviétisme de beaucoup d'Américains. Lorsque, en mai 1942, le Comité américain pour le secours sur le front russe lui demande de remplacer au pied levé l'ambassadeur des États-Unis en URSS lors d'un meeting à San Francisco, il accepte immédiatement.

Le jour du meeting, devant un public de dix mille personnes, les discours des officiels se succèdent, plats, modérés, incertains. Le maire de San Francisco avoue se résigner à une alliance de circonstance entre Américains et Russes. Vient le moment où Chaplin doit prendre la parole. L'acteur s'avance près du micro et lance un vibrant : « Camarades ! » Des rires fusent, mais Chaplin enchaîne et justifie son exhortation en insistant sur le courage du peuple russe qui combat les nazis. L'audience est touchée. Les applaudissements crépitent, des spectateurs, enthousiasmés, se lèvent de leur siège. Chaplin, de plus en plus éloquent, de plus en plus engagé, s'exclame :

> Je ne suis pas communiste, je suis un être humain, et je crois connaître les réactions des êtres humains. Les communistes ne sont différents de personne ; qu'ils perdent un bras ou une jambe, ils souffrent comme nous tous, et meurent comme nous tous. Et la mère communiste est la même que n'importe quelle autre mère. Quand elle reçoit la tragique nouvelle que ses fils ne rentreront pas, elle pleure comme toutes les mères. Je n'ai pas besoin d'être communiste pour savoir cela. Il me suffit d'être un être humain. Et en ce moment, les mères russes pleurent beaucoup, et leurs fils meurent beaucoup[1]...

Chaplin parle et improvise un discours pendant quarante minutes, réclame de l'argent pour le

Secours russe mais en appelle aussi à un effort de guerre des États-Unis et à l'ouverture d'un second front. La foule applaudit à tout rompre, des chapeaux sont lancés en l'air. Dans un va-et-vient entre le cinéma et la vie, Chaplin transpose dans la réalité l'équivalent du discours du *Dictateur*. Lui-même, autrefois apôtre de la pantomime et du muet, est devenu un maître de parole. De fait, deux mois plus tard, lors d'un nouveau meeting organisé par le Council of the Congress of Indusrial Organizations, il prend la parole à Madison Square et, devant soixante mille syndicalistes, réclame à nouveau l'ouverture d'un second front. Le 16 octobre 1942, en présence d'Orson Welles et de Pearl Buck qui partagent la tribune, il prononce un discours à Carnegie Hall lors d'un rassemblement organisé par le Front des artistes pour gagner la guerre, orienté très à gauche politiquement. À son retour à l'hôtel Waldorf Astoria, il est rejoint par Joan Barry qui l'a appelé plusieurs fois en vain. S'attendant au pire, il fait en sorte de ne pas demeurer seul avec elle et lui donne trois cents dollars.

L'attitude politique de Chaplin ne rencontre pas l'assentiment de tout son entourage. Certains de ses amis apprécient peu sa détermination pour l'ouverture d'un second front et commencent à prendre leurs distances. Chaplin, qui n'en a cure, tout entier à son combat, intensifie son engagement et accepte de nouvelles invitations : le 25 novembre 1942, il prononce une allocution lors d'un meeting ayant pour thème « Salut à notre allié russe » à Chicago et participe à un dîner en faveur des « Arts pour la Russie ». En février 1943, il rédige une déclaration qui est enregistrée dans le consulat soviétique afin d'être diffusée en URSS. Cette période de quelques mois où Chaplin enchaîne les discours, si elle traduit une prise de possession psychologique de la parole, aura aussi, on le verra, de graves conséquences politiques et provoquera une rupture dans sa vie.

Joan Barry, de plus en plus incontrôlable, se met à harceler Chaplin de coups de téléphone. Au cours de la nuit du 23 décembre 1942, elle s'introduit, grâce à une échelle, dans la maison de l'acteur, brandit un pistolet et menace de se tuer devant lui. Les deux fils de Chaplin, ameutés par l'altercation, se précipitent mais Chaplin leur demande de regagner leur chambre. Joan Barry prétendra que, cette nuit-là, elle a eu des relations sexuelles avec Chaplin qui, de manière plus vraisemblable, affirmera le contraire. Joan Barry disparaît le lendemain, après avoir à nouveau quémandé de l'argent, mais elle est de retour une semaine plus tard. Chaplin doit appeler la police pour la déloger. Joan Barry est condamnée à quatre-vingt-dix jours d'emprisonnement avec sursis et doit quitter Los Angeles.

Chaplin travaille à adapter la pièce *Shadow and Substance* lorsqu'il reçoit la visite d'Orson Welles, qui évoque devant lui le projet de tourner un film sur Landru, le tueur de femmes dont il pourrait jouer le premier rôle. Chaplin est d'autant plus intéressé que, lors de son séjour à Paris, en 1931, il a rencontré nombre de chroniqueurs judiciaires présents au procès de Landru, tenu en novembre 1921. À cette occasion, il s'était fait raconter de nombreux détails de l'affaire. Chaplin réalise que, paradoxalement, ce sujet pourrait donner matière à une comédie et propose à Welles de lui acheter son idée en lui offrant en échange cinq mille dollars. Ce dernier accepte, pourvu que sur le générique du film figure la mention : « Sur une idée d'Orson Welles. »

Chaplin est enthousiasmé par ce nouveau projet et, délaissant l'adaptation de *Shadow and Substance,* y travaille trois mois d'affilée. C'est durant cette période qu'il fait la rencontre d'une nouvelle jeune femme qui va désormais jouer le premier rôle jusqu'à la fin de sa vie et a pour nom Oona O'Neill. Celle-ci, alors âgée de dix-sept ans, est la fille du dramaturge O'Neill, futur prix Nobel de littérature, et de sa seconde épouse. Elle vient d'arriver à Hollywood où elle veut se lancer dans une carrière d'actrice. Après avoir délaissé ses études à Vassar College, flirté un temps avec l'écrivain J. D. Salinger et Orson Welles, elle a fait sans succès des essais pour le film d'Eugene Frenke, *La Fille de Leningrad*. Lors d'un dîner organisé par l'agent de la jeune fille, Minna Wallace, qui souhaite lui faire obtenir le rôle de Bridget dans *Shadow and Substance*, Chaplin tombe immédiatement sous le charme d'Oona. Il apprécie la tolérance, l'humour, l'altruisme de la jeune fille. Tout en étant effrayé par leur différence d'âge, il découvre en elle l'idéal féminin qu'il n'a cessé de chercher tout au long de sa vie à travers ses multiples conquêtes. Il est frappant de remarquer que la prise de possession psychologique et symbolique de la parole par Chaplin soit à peu près contemporaine de la rencontre avec la femme aimée. Chaplin accède à une plénitude qui relègue la figure du vagabond hors de ses préoccupations mentales et de son esthétique. Comme l'écrit un biographe d'Oona Chaplin : « Chaplin voit en elle la beauté pure, l'héroïne qu'il n'a jamais osé mettre en scène, la lumière qu'il n'a eu de cesse sa vie durant de rechercher dans le regard des femmes aimées et quittées[2]. »

Le coup de foudre est réciproque et Oona succombe à son tour à la séduction que dégage Chaplin, à son sourire qui éclaire un visage désormais encadré de cheveux gris. Chaplin donne à Oona le rôle et en devient si amoureux qu'il décide de l'épouser une fois terminé le tournage de *Shadow and Substance*.

C'est alors que, en mai 1943, Joan Barry fait son retour. Elle annonce au maître d'hôtel qu'elle est à la fois sans le sou et enceinte (sans préciser alors l'identité du père). Chaplin fait à nouveau intervenir la police qui l'arrête. Manquant de vigilance, il tombe ainsi dans le piège que lui tendait Joan Barry. Toute la presse, aussitôt prévenue de l'affaire, s'en prend à Chaplin, accusé de livrer à la police la femme qui porte son enfant. La machination fonctionne parfaitement : le 4 juin 1943, Chaplin se voit intenter un procès en reconnaissance de paternité par la mère de Joan Barry. Il riposte, par l'intermédiaire de ses avocats, en affirmant qu'il ne peut être le père et refuse de verser les sommes d'argent qui lui sont demandées en réparation.

Néanmoins, la loi californienne sur le divorce et la paternité accordant le bénéfice du doute à la mère en premier lieu, les avocats des deux parties se mettent d'accord sur une prise en charge financière en attendant le verdict du procès. Chaplin accepte de payer à Joan Barry 2 500 dollars en espèces et 10 dollars par semaine ainsi que 500 dollars trente jours avant la naissance, 1 000 à la naissance et 500 lors des quatre mois suivants. En retour, Joan Barry accepte que des tests sanguins soient effectués sur le bébé de façon à déterminer qui est le père. L'affaire fait désormais les choux gras de la presse qui se repaît de chaque nouvel épisode de l'affrontement entre Chaplin et Joan Barry.

Ne doutant pas de son bon droit, Chaplin, qui s'est réfugié chez son ami Eugene Frenke sur Layton Drive, file le parfait amour avec Oona et précipite son mariage. Le 16 juin 1943, tous deux se marient dans le petit village de Carpinteria, situé à proximité de Santa Barbara. Ils y passent six semaines de bonheur, faisant de longues promenades dans la campagne. Oona rassure Chaplin, elle l'apaise et le conforte, comme celui-ci l'avoue lui-même : « Si seulement j'avais connu Oona ou une fille comme elle dans ma jeunesse, je n'aurais jamais eu de problèmes avec les femmes. Toute ma vie, je l'ai attendue sans m'en rendre compte jusqu'à ce que je fasse sa connaissance[3]. » À la différence de Lita Grey et de Paulette Goddard qui mènent une carrière d'actrice, privilégient d'abord celle-ci et incarnent un modèle de la femme moderne, Oona va se consacrer tout entière à son mari au point de s'effacer derrière lui : « Oona, elle avait compris qu'être Mme Chaplin, cela signifiait renoncer à être une vedette. Chaplin, insoucieux de ces instruments bizarres que nous appelons le calendrier, le carnet de chèques, le livre de comptes, l'annuaire du téléphone, le carnet de rendez-vous — poétiquement absent de la vie de tous les jours et de ses innombrables servitudes —, maladroit et égaré au milieu des siens, comme tous les seigneurs du rêve, "le petit homme" a désespérément besoin de sa femme[4]. »

Oona sera celle qui sait calmer les colères, les sautes d'humeur de Chaplin qu'un rien, un article de presse, une réflexion maladroite, peut alimenter. Elle résiste à ses emportements et, d'un mot, d'un sourire, arrive à le calmer tout en ôtant les doutes qu'il pourrait avoir sur lui-même. Elle comprend Chaplin, ce qui ne l'empêche pas d'être jalouse et de ne pas supporter que celui-ci évoque en sa présence et en compagnie ses anciennes conquêtes.

Le 26 juillet 1943, le couple est de retour à Beverly Hills. Oona persuade Chaplin d'organiser à la place du rituel thé à l'anglaise du dimanche après-midi, pris en compagnie d'amis et hérité de Paulette Goddard, des tournois de tennis. Si Oona aime le tennis, Chaplin, on l'a vu, a développé une vraie passion pour ce sport et fait quotidiennement des parties pour entretenir sa forme physique.

Le projet d'adapter *Shadow and Substance* ayant été définitivement abandonné, Chaplin se consacre désormais tout entier à l'écriture du script du film qui a alors pour titre provisoire *Barbe-Bleue*. Le titre *Monsieur Verdoux* ne sera adopté qu'en juin 1946. Comme il l'a toujours fait, il travaille de manière compulsive, en se consacrant quasiment exclusivement à son nouveau projet au point que Oona, à son propos, inventera le terme de « *workaholic*[5] ». Cela ne l'empêche pas de témoigner au quotidien de l'amour qui le lie à sa jeune épouse. Main dans la main, Oona et Chaplin regardent tous deux les films de Charlot et partagent les mêmes rires. Chaplin aime faire des farces à son épouse, ce qui est une façon de continuer à la séduire. Un jour, il l'emmène dans une bijouterie de Beverly Hills. Oona renonce finalement à acheter un bracelet qu'elle trouve trop cher. Le couple sort tranquillement de la bijouterie. Tout à coup, Chaplin, une fois sur le trottoir, tire brusquement son épouse par la main et l'entraîne vers la voiture. Il lui crie de prendre le volant et exhibe le bracelet qu'il feint d'avoir volé. Oona, stupéfiée et terrifiée, lui demande s'il n'est pas devenu fou, ce qui a pour effet de provoquer un grand éclat de rire de Chaplin qui lui révèle avoir acheté le bracelet à son insu.

Les ennuis, cependant, s'accumulent : dans la nuit du 2 octobre 1943, Joan Barry accouche d'une fille qu'elle prénomme Carol Ann tandis que la Cour fédérale prépare un nouveau procès contre Chaplin. De nombreux témoins sont entendus, dont toute l'équipe du film, les fils de Chaplin et même Oona qui n'a pourtant jamais rencontré Joan Barry. Le 10 février 1944, Chaplin est inculpé par le Federal Grand Jury, de violation du Mann Act. En vertu de celui-ci, il est, en effet, accusé d'avoir fait venir Joan Barry à New York en octobre 1942 pour avoir avec elle des relations sexuelles illicites, le Mann Act stipulant qu'il est illégal de faire traverser à une femme les limites d'un État à des fins immorales. L'accusation est tirée par les cheveux, les analyses de sang prouvent d'ailleurs que Chaplin n'est pas le père de l'enfant de Joan Barry. Chaplin nie vigoureusement les faits qui lui sont reprochés. Le 4 avril 1944, il est enfin déclaré non coupable. Soulagé, il se dirige vers le jury et le remercie. En retour, l'un des jurés se lève, lui tend la main et lui dit en souriant : « C'est bien, Charlie. Nous vivons dans un pays libre[6]. »

Chaplin, s'il est innocenté, a néanmoins été blessé par cette épreuve. Heureusement, Oona est là pour l'aider à oublier. Le passé s'efface lentement. À peine âgée de quarante-trois ans, Mildred Harris meurt le 20 juillet 1944. Quelques jours plus tard, le 1er août, Oona donne naissance à Geraldine, dont va s'occuper une nurse, engagée pour l'occasion, Edith McKenzie. Rebaptisée Kay-Kay par la petite fille, elle demeurera pendant quarante ans un des membres de la famille Chaplin et la confidente intime de tous les enfants.

Le 13 décembre 1944 s'ouvre le procès en paternité de Carol Ann Barry. Chaplin, fort des analyses sanguines, ne doute pas qu'il va échapper à toute condamnation. C'est sans compter sur le défenseur de la plaignante, un avocat madré du nom de Joseph Scott. Celui-ci, de sensibilité républicaine et conservatrice, nourrit une profonde antipathie pour le réalisateur et l'acteur. Il fait venir à la barre Joan Barry qui, simulant l'émotion, affirme que l'enfant a été conçu lors de la nuit du 23 décembre 1942 où elle a fait irruption chez Chaplin, un pistolet à la main. Scott, qui en rajoute toujours plus dans le registre de l'émotion, finit, contre toute logique, par convaincre le jury, qui déclare Chaplin coupable, négligeant la preuve scientifique des tests sanguins.

Chaplin est condamné à payer 75 dollars par semaine à Carol Ann qui peut désormais adopter son nom, puis 100 dollars jusqu'à ce qu'elle atteigne l'âge de vingt et un ans. Une nouvelle requête déposée par Chaplin pour faire rectifier le jugement est rejetée le 6 juin 1946. Joan Barry disparaît ensuite définitivement de la vie de Chaplin et ne fera plus parler d'elle. Elle sera déclarée schizophrène en 1953 et internée au service psychiatrique du Patton State Medical Hospital de San Bernardino en Californie pour une cure de onze ans.

Le procès laissera cependant des traces dans l'opinion publique, entourant durablement le nom de Chaplin d'un parfum de scandale. Heureusement, *Monsieur Verdoux*, son nouveau projet de film, permet à Chaplin d'oublier l'épreuve :

> Verdoux est un Barbe-Bleue, un employé de banque insignifiant qui, ayant perdu sa place pendant la crise, met au point une combinaison qui consiste à épouser de vieilles célibataires et à les assassiner pour leur argent. Sa femme légitime est une invalide qui habite la campagne avec son jeune fils, mais elle ne sait rien des agissements criminels de son mari. Après le meurtre d'une de ses victimes, il rentre chez lui comme le ferait un bon mari bourgeois au terme d'une journée de travail. C'est un paradoxe de vertu et de vice : un homme qui, lorsqu'il travaille ses rosiers, évite de marcher sur une chenille, alors qu'au fond du jardin une de ses victimes se consume dans un incinérateur. Le scénario est plein d'un humour diabolique, d'une satire âpre et d'une violente critique sociale[7].

Dans ce film Chaplin pousse à son extrême le burlesque qui constitue l'essence de ses films puisqu'il affirme dans une interview, de manière provocatrice, que « le meurtre peut être comique » et qu'un tel sujet peut avoir « une valeur morale » :

> Je crois que ce film a une valeur morale. Clausewitz dit que la guerre était le prolongement logique de la diplomatie ; Monsieur Verdoux pense que le meurtre est le prolongement logique des affaires. En ce sens, il reflète les sentiments de l'époque que nous vivons — les catastrophes engendrent des gens comme lui. Il personnifie la dépression et les troubles nerveux. Il est frustré, amer et enfin pessimiste. Mais il n'est jamais morbide ; et le film n'est en aucun cas morbide [...] Dans certains cas, le meurtre peut être comique[8].

Une fois de plus, la figure de Monsieur Verdoux, à la fois assassin et bourgeois respectable, exprime la dualité qui est au cœur des personnages joués par Chaplin. Il énonce la relation ambivalente de Chaplin avec les femmes, séduites et délaissées. Il n'est pas sans lien avec la part négative que représente le personnage de ses débuts au cinéma, Chas Chaplin. Mais Verdoux traduit jusqu'à son paroxysme la dualité que les temps modernes imposent aux êtres. Être étranger à soi-même peut pousser à devenir un meurtrier tant la civilisation industrielle est fondée sur une violence qui, du fait du développement d'armes de plus en plus sophistiquées, légitime l'assassinat en masse, dont la bombe atomique est l'emblème.

Monsieur Verdoux est un personnage qui s'est complexifié par rapport à Charlot. Celui-ci épousait les rôles que lui imposait la société pour survivre : Charlot chef de rayon, apprenti, marin, pompier, etc. Monsieur Verdoux invente son propre rôle. Il fait de la parole dont Charlot était privé un instrument de métamorphose, de séduction, de pouvoir et de meurtre. Dès le début du film, sa voix s'élève, comme venue d'outre-tombe. Ainsi Chaplin devient-il maître de son destin, ainsi le personnage joué par Chaplin incarne-t-il désormais une forme de révolte, à la différence de Charlot, voué à la soumission et au vagabondage. Grâce à la parole, Charlot est devenu son contraire. Sa dualité est non pas une aliénation subie mais un masque, le masque de celui qui, pour défier la société, doit, tels les héros des romans populaires, prendre une autre identité ou cacher son visage :

Verdoux est une machine, un spectre, un corps sans âme, un moulin à paroles. Une décharge. Verdoux est un dandy protéiforme. Il adopte une identité comme on prend un habit, il voyage de peau en peau, de femme en femme. Il se pare d'atours pour mieux désemparer son adversaire, en véritable caméléon de salon[9].

Et tel est aussi le tour de force de Chaplin : faire d'un assassin en série un personnage sympathique. Non seulement, en assassinant des femmes à tour de bras, Chaplin se venge, dans la fiction, des déboires que celles-ci, telle Joan Barry, lui ont fait subir, mais, à travers Verdoux, plus largement, il nous venge en accomplissant les fantasmes de meurtre que l'injustice sociale pourrait faire naître en nous. Il incarne cette envie fantasmatique que seuls la fiction et le spectacle peuvent réaliser. Il est le déclencheur d'une catharsis moderne.

Surtout, comme l'a suggéré le critique André Bazin, Monsieur Verdoux donne peut-être sens au mythe de Charlot. Après avoir empoisonné l'inspecteur qui l'a démasqué, Monsieur Verdoux finit par se livrer à la police car il est fatigué du jeu qui est le sien. La guillotine est non seulement sa punition mais le bout de cette route sur laquelle s'engage Charlot à la fin de nombre de films.

Nous savons à présent comment finit l'histoire commencée voici un peu plus de trente-trois ans. Charlot, Monsieur Verdoux et Charles Chaplin ne font qu'un. C'est ce petit homme en bras de chemise, à la démarche sautillante, que deux bourreaux mènent au supplice. Le chemin de la guillotine, c'est le bout terrestre de la route qui traverse toute l'œuvre de Chaplin. La route sans fin d'une *Idylle aux champs*, du *Pèlerin*, du *Cirque* et des *Temps modernes*. Une route qu'il nous semble voir se prolonger dans les images au-delà de l'échafaud jusqu'au ciel où monte en tenant sa tête, avec les deux ailes de duvet blanc du *Kid* : saint Charlot, alias Monsieur Verdoux[10].

La route mène à l'anéantissement de Charlot. Ce dernier, à travers son vagabondage, nous donnait l'illusion que, derrière l'horizon, il y avait, au bout de la route, un ailleurs. Dans la civilisation moderne, au bout de la route, il y a la mort, à laquelle Charlot tout comme Monsieur Verdoux n'échappent pas.

Voilà la leçon de Chaplin, voilà le sens même de son esthétique burlesque. Le recours au parlant modifie grandement une esthétique qui apparaît travaillée par la mort. Le muet était le temps du plan d'ensemble où se déployait la pantomime. Le parlant multiplie les plans rapprochés, le recours au gros plan qui ne laisse plus apparaître que le tronc et le visage du personnage. Paradoxalement, la parole rigidifie le personnage. Nadia Meflah le suggère fort justement :

> Lorsqu'il parle, le corps ne peut marcher en même temps. De l'homme de la rue, Chaplin est devenu l'homme des salons (quasiment tout le film se passe en intérieur), du statique et du logorrhéique. Sa voix (nouvelle) a-t-elle atteint le tout de la personne tel que son personnage muet le fit durant des décennies de par le monde ? Le cadre s'est rétréci. Le monde se réduit à des chambres, des couloirs, des prisons, des lieux clos. Parler serait amputer son personnage de l'expressivité de sa gestuelle, ce serait ramener et rétrécir le champ du langage au visage et à la bouche. De cette restriction, de ce corps borné (à double sens), le cinéaste fera sa matière esthétique[11].

Le tournage est rapide et ne dure pas plus de quatre mois, du 21 mai au 5 septembre 1946. Le reste de l'année est occupé à monter le film et à travailler sur la partition musicale. Dès mars 1947, les copies du film sont prêtes. Après l'avoir visionné, les représentants des censeurs et des groupes religieux des diverses communautés n'émettent aucune objection, mais, semble-t-il, à contrecœur. Comme à son habitude, Chaplin organise des projections privées pour tester la réaction des premiers spectateurs.

La première mondiale du film a lieu le 11 avril 1947 au Broadway Theatre. C'est un désastre. Dès le début du film, des spectateurs, peut-être influencés par la mauvaise presse dont Chaplin a été victime au cours de ses procès, se mettent à siffler. D'autres spectateurs, par leur attitude, témoignent de l'embarras que leur cause l'humour noir du film. N'y tenant plus, Chaplin qui est accompagné d'Oona et de Mary Pickford, sort précipitamment de la salle et se réfugie dans le hall d'entrée.

Le pire se produit, cependant, lors de la conférence de presse organisée dans la grande salle de l'hôtel Gotham. La meute des journalistes tente de piéger Chaplin, de lui faire avouer une sympathie pour l'URSS. Les questions fusent : *Le Dictateur* est-il sorti en URSS ? Fait-il partie d'un cartel visant à diffuser des films américains en URSS ? À la question d'un journaliste le sommant de s'expliquer sur ses opinions politiques, Chaplin répond : « Il est très difficile aujourd'hui de définir politiquement quoi que ce soit. Il y a tant de généralités et la vie devient si technique que si vous enjambez le rebord du trottoir et démarrez du pied gauche on vous accuse d'être communiste. Je n'ai aucune certitude politique sur quoi que ce soit. Je n'ai jamais appartenu à un parti et n'ai jamais voté de ma vie[12] ! »

Le journaliste ne s'estime cependant pas satisfait par la réponse et précise sa question : est-il un sympathisant communiste ? Chaplin répond alors que, durant la guerre, il a soutenu la cause de la Russie car elle avait ouvert un nouveau front contre l'Allemagne nazie. Les autres journalistes présents témoignent de la même ardeur à traquer les positions politiques de l'acteur-réalisateur, reléguant le film au second rang de leurs questions. Lorsque, enfin, une question est posée sur *Monsieur Verdoux*, c'est pour demander à Chaplin s'il partage l'opinion de son personnage selon laquelle la civilisation actuelle fait de nous des criminels de masse. Chaplin n'hésite pas à répondre par l'affirmative :

> Monsieur Verdoux est un meurtrier des masses et j'ai essayé de montrer à travers son cas psychologique que notre civilisation contemporaine voudrait nous transformer tous en meurtriers des masses. Toute ma vie j'ai été opposé à la violence, et je pense que la bombe atomique, l'arme la plus atroce qui soit, entretient à un tel point l'horreur et la crainte que le nombre de demi-fous va s'accroître considérablement[13].

C'est aussitôt la curée. Les invectives fusent, les cris de protestation jaillissent. Seul un journaliste du *Times*, James Agee, se lève et, la voix étranglée de colère, prend la défense de Chaplin au nom de la liberté que sont censés incarner les États-Unis. La conférence de presse a versé dans une si grande violence et hostilité que Chaplin semble déconcerté qu'une voix puisse même s'élever pour le défendre.

C'est qu'il faut ne pas oublier le contexte de la sortie du film. Dès la fin de la Seconde Guerre mondiale s'est développée une croisade anticommuniste sous la houlette du sénateur républicain Joseph R. McCarthy. Se forment des groupes cent pour cent américains, l'American Legion établit des listes de suspects qui sont envoyées aux studios hollywoodiens. Le directeur du FBI J. Edgar Hoover participe avec zèle à ce qui est une véritable chasse aux sorcières. Une commission est mise en place, la House Un-American Activities Committee, qui organise des audiences à partir de l'automne 1947. Les stars y défilent, telles Otto Preminger ou Edward Dmytryk, qui sont sommées de dire si elles sont ou ont été membres du parti communiste. Bientôt, l'accusation vise de manière plus large tous ceux qui auraient approché le parti communiste. Chaplin est devenu une cible. On sait ses prises de position soutenant l'URSS en guerre.

La réception du film est distante. *Monsieur Verdoux* est à l'affiche des cinémas de New York, les recettes sont bonnes mais s'effondrent brusquement lorsque s'amplifie la campagne de presse dénonçant Chaplin comme sympathisant communiste qui témoigne de la plus parfaite ingratitude pour les États-Unis qui l'ont accueilli. Les grands circuits de distribution renoncent à projeter le film qui tourne alors à l'échec financier. Chaplin ne cessera cependant de répéter : « *Monsieur Verdoux* est le meilleur et le plus brillant film que j'aie encore jamais fait[14]. » Ce qui est sans doute vrai si l'on considère que ce film est la clef de son œuvre et en offre un système d'interprétation.

Chaplin, pour se remettre de cet affrontement, retourne en Californie avec Oona car il demeure malgré tout confiant dans la vigueur démocratique des États-Unis, capables de ménager à chacun sa part de liberté. Pourtant, la campagne de presse redouble de violence et s'en prend désormais au refus de Chaplin de demander la nationalité américaine. De nouveaux nuages s'amoncellent.

Le clown mis à nu

Au Congrès, le représentant du Mississippi John T. Rankin exige que soit mise en place une procédure d'expulsion à l'encontre de Chaplin dont la vie sape les fondements moraux des États-Unis et dont les films corrompent la jeunesse. Apprenant par la presse qu'il va être convoqué devant la Commission de la chambre sur les activités antiaméricaines (HUAC), Chaplin réplique et, le 21 juillet, réitère dans les journaux la réponse faite au sénateur du New Jersey, Parnell Thomas, qui a divulgué l'information. Il réaffirme ses positions politiques non communistes, clame sa haine de la violence et se présente comme « un agitateur de paix[1] ». Même s'il n'est pas finalement sommé à comparaître, Chaplin, dans une interview, ajoute cependant que, si tel avait été le cas, il aurait endossé l'habit du vagabond et, durant l'interrogatoire, aurait exécuté des numéros comiques en guise de réponse aux questions qui lui auraient été posées. Dans la vie aussi le burlesque est une réponse à la violence politique.

Chaplin, comme Monsieur Verdoux, est désormais ouvertement un révolté qui n'hésite pas à hausser le ton. En novembre 1947, il ne craint pas de prendre la défense de Hans Eisler, un réfugié allemand, exilé de l'Allemagne nazie en 1933, avec lequel il a noué amitié et qui, lui aussi, est menacé d'être expulsé des États-Unis. Pour ce faire, il sollicite l'appui de Picasso auquel il demande d'organiser une manifestation de protestation devant l'ambassade américaine à Paris et de faire signer une pétition. Picasso, qui n'a pourtant jamais rencontré Chaplin, répond aussitôt favorablement. Une protestation signée par Louis Jouvet, Françoise Rosay, André Luguet, Jean-Louis Barrault, Madeleine Renaud, Jean Cocteau, Henri Matisse, Louis Aragon, Elsa Triolet, Francis Carco... est rédigée qui provoque, en retour, un déchaînement de la presse Hearst. Le 3 décembre 1947, le journaliste Westbrook Pegler dénonce ainsi « l'intolérable ingérence dans les affaires américaines d'un étranger établi sur notre sol depuis trente-cinq ans, bien connu pour sa turpitude morale, ses énormes dettes, sa lâche attitude pendant les deux guerres mondiales et sa collusion avouée avec les communistes[2] ».

Toute cette hostilité n'empêche pas Chaplin de faire des films. En quête d'un nouveau sujet, blessé sans doute par ces attaques qui fusent du sol américain, il revient avec nostalgie vers le Londres de son enfance. Il envisag d'y tourner un film et décide, au printemps 1948 de se rendre à Londres avec Oona. Des places sont réservées à bord du paquebot *Queen Elizabeth* mais le département de l'immigration bloque la demande de visa dont Chaplin a besoin pour son retour. Un appel téléphonique lui demande de se présenter devant l'administration fédérale de Los Angeles. Chaplin répond qu'il n'est pas libre au jour et à l'heure de la convocation. Il lui est proposé, en retour, qu'une délégation se rende à son domicile. Pendant quatre heures, Chaplin est interrogé par un membre du FBI et un officier de l'immigration, accompagnés d'une secrétaire. Il est soumis à un interrogatoire serré qui ne néglige aucune question intime : quelles sont ses origines raciales ? Quelle est sa vie sexuelle ? A-t-il eu des maîtresses ? Quelles sont ses idées politiques ? Etc. À l'issue de l'interrogatoire, il lui est notifié qu'il bénéficiera d'un visa de retour, mais devra signer une copie de l'interrogatoire.

Chaplin se voit, cependant, contraint de renoncer à son voyage car le fisc lui réclame de régler avant son départ un million de dollars d'impôts et de laisser une caution d'un million et demi de dollars. C'est à cette époque qu'il découvre qu'en tant que propriétaire pour moitié de la United Artists il a, en outre, un million de dollars de dettes, les actionnaires ayant, pour la plupart, vendu leurs actions. S'ensuit un différend avec Mary Pickford, l'autre propriétaire de la compagnie, qui le pousse à refuser des propositions d'achat, ce qui leur fait perdre à tous deux beaucoup d'argent. La compagnie sera finalement vendue, quelques années plus tard, pour une somme bien moins importante que celle qui avait été auparavant proposée.

Chaplin surmonte toutes ces épreuves grâce à la stabilité affective que lui procure son bonheur conjugal. Le 7 mars 1946 naît un fils, Michael, suivi de deux filles, Joséphine Hannah, le 28 mars 1949, et Victoria, le 19 mai 1951. Un autre fils, Eugene Anthony, vient au jour le 23 août 1953.

Chaplin travaille à l'écriture d'un nouveau scénario qui se dessine peu à peu dans son esprit. Il imagine une histoire d'amour qui viendrait en contrepoint à *Monsieur Verdoux*. Le scénario, d'abord intitulé *Footlights*, prend ensuite le titre définitif de *Limelight, Les Feux de la rampe*. Son écriture nécessite trois années de travail et le texte prend bientôt l'aspect d'un imposant manuscrit de sept cent cinquante pages, qui doit être réduit. Chaplin racontera que le sujet lui a été suggéré par les souvenirs d'un célèbre comédien américain, Frank Tinney qui, après avoir connu les fastes du succès, est devenu l'ombre de lui-même et a perdu son génie comique. Mais, une fois de plus, c'est une image de lui-même que Chaplin met en scène dans ce nouveau film. L'acteur-réalisateur a atteint la soixantaine, il est au faîte de la célébrité. Se peut-il que lui-même tombe dans la déchéance et perde son public ? Ou bien, de manière plus subtile, l'artiste n'existe-t-il pas uniquement grâce à son public, qui le fait et peut le défaire ?

À ses proches, Chaplin affirme que *Les Feux de la rampe* seront son plus grand et dernier film, sans doute parce qu'il s'y implique le plus ouvertement. L'intrigue du film se situe au début du XXe siècle, dans le Londres de son enfance. Le film raconte les derniers jours de Calvero, un vieux clown déchu qui recueille une jeune danseuse de ballet suicidaire, Thérèse Ambrouse, dite Terry, et lui apprend à remonter sur scène.

Le film est une affaire de famille. Sydney, son second fils, a hérité du rôle du jeune compositeur Neville. Charles junior obtient un petit rôle de clown dans le ballet tandis que Geraldine, Michael et Joséphine interprètent, au début du film, le rôle de trois petits gamins qui regardent le clown Calvero rentrer ivre chez lui. Chaplin engage, pour jouer le rôle de la danseuse, Claire Bloom, une jeune actrice anglaise, repérée par l'un de ses amis, le dramaturge, Arthur Laurents. Persuadée de n'avoir aucune chance, timide, celle-ci n'envoie pas les photos qui lui ont été demandées par le studio Chaplin. Ce n'est que lorsqu'elle reçoit un télégramme de celui-ci lui réclamant crûment : « Où sont les photos ? » qu'elle prend au sérieux la proposition qui lui avait été faite. En avril 1951, elle prend l'avion pour New York où Chaplin l'attend pour faire des essais.

Si Claire Bloom est finalement engagée, c'est non seulement parce qu'elle réussit ces essais, mais aussi parce qu'elle est capable de réunir dans un même rôle l'amante et la mère. Elle est, dans le film, Oona mais aussi Hannah, la mère, qui vainc ses souffrances, remonte sur les planches et triomphe sous les feux de la rampe. Cela est si vrai que, lors du tournage du film, Oona remplace Claire Bloom dans certaines scènes où celle-ci, paralysée, doit rester allongée. Chaplin, quant à lui, à travers le personnage de Calvero, se contemple lui-même, sans masque et sans détour. Monsieur Verdoux jouait avec les apparences, se travestissait, ce qui était une part de sa vérité. Charlot lui-même, qui se déguise au fur et à mesure des personnages de circonstance qu'il endosse, recourt au masque, est un masque. Pour la première fois, dans *Les Feux de la rampe*, Chaplin se dépouille du masque de clown qui est le sien depuis qu'il est monté sur scène et a fait du cinéma. Il dévoile son visage devant la caméra. En cela, le film marque une étape cruciale. Alors que l'univers parcouru par le vagabond se désintègre et se déshumanise, le cinéma offre le spectacle de la mort qui, derrière le masque, se lit sur le visage de Chaplin métamorphosé par les atteintes du temps. Le burlesque joue avec le tragique, le comique se rit de la mort, le cinéma l'exorcise :

Dès *Les Lumières de la ville*, Charlot était déjà devenu la chrysalide de Chaplin. Dans *Le Dictateur*, le doute n'était plus permis et le gros plan final nous faisait assister à une mue bouleversante du masque en son visage. *Monsieur Verdoux* n'aurait peut-être pas été possible sans cette dissociation. [...]. Quoi qu'il en soit, nous avions jusqu'ici deux points de référence solides : le masque de Charlot et le visage de Chaplin. [...] Quelques rides estompées par le maquillage, une mèche de cheveux blancs ne compromettaient pas encore dans *Le Dictateur* l'image que nous gardions à travers les photographies d'un Chaplin de trente ou quarante ans. Mais l'illusion n'était plus possible. Le premier film interprété sans maquillage par le grand acteur Charles Spencer Chaplin est aussi précisément le premier où nous ne reconnaissons plus son visage[3].

Calvero meurt en coulisses tandis que sur scène la ballerine danse malgré son chagrin. Le spectacle continue, la mort est conjurée par l'éternité de la représentation. Chaplin apparaît à nu devant la caméra, filme la mort de son personnage. *Ecce homo !* Voici l'homme dans sa nudité métaphysique, dans sa passion qui prélude à une résurrection. « On peut assimiler la grande figure de Calvero à ces sculptures du Moyen Âge qu'on appelait "*Ecce Homo*". Voici l'homme. L'homme outragé, bafoué que l'on bat, que l'on injurie, que l'on gifle, que l'on flagelle, dont la face dégouline de sang, de larmes, de crachats, mais qui reste à travers tous ces outrages l'homme triomphant par son courage et sa dignité[4]. »

La mort de Calvero annonce sa résurrection dans un personnage féminin. La dualité de Chaplin-Charlot s'est déplacée ou est apparue en profondeur : elle est désormais celle des sexes, de la part féminine qui est la sienne. Le cinéma organise un stade décalé du miroir : Chaplin donne à contempler la relation œdipienne qui le lie à sa mère, Hannah. Par ses films, il a racheté le mutisme et l'échec de sa mère. C'est à son tour, dans le cinéma, d'être sauvé par une jeune fille qui joue le rôle désormais triomphant de Hannah. On comprend mieux alors rétrospectivement la relation qui existe entre les films de Chaplin et les femmes qu'il a aimées et qui ont joué dans ses films. Chaplin se construit dans le cinéma pour cesser de vagabonder tandis qu'il met en scène, à travers les personnages féminins successifs, la quête de la femme aimée qui ne peut que finalement se confondre avec une Hannah montrée par le cinéma en apothéose. Ce n'est pas un hasard si Claire Bloom, double d'Oona, incarne aussi Hannah à travers le personnage de la ballerine. Hannah, Oona, les sonorités du prénom se ressemblent d'autant plus que l'amante qui est une mère finit par rejoindre la mère par laquelle tout commence : la tragédie de la parole, la revanche par le spectacle. Et ce n'est pas un hasard si le dernier film tourné par Chaplin, *La Comtesse de Hong Kong*, met en relief, dès le titre, un personnage féminin qui, on l'a dit, n'est autre que la métamorphose de lui-même. Ainsi, de film en film, se construit le mythe personnel de Chaplin, ce récit qui laisse sourdre l'origine de sa relation au monde et aux êtres et le dit en sa vérité.

Le film est aussi une ode émouvante aux grands comiques qui ont marqué les débuts du cinéma : « L'aspect le plus émouvant des *Feux de la rampe* reste l'apparition de Buster Keaton aux côtés de Chaplin dans un numéro musical farfelu[5]. » Keaton joue le rôle d'un pianiste décati et myope qui, lorsqu'il se met au piano, fait exploser les cordes de son instrument, pulvérisant ainsi le violon dont joue Calvero. Ce dernier finit par tomber sur la grosse caisse avant d'être ramené sur scène pour saluer le public. Cette séquence sera la seule occasion où ces deux immenses comédiens venus du cinéma muet joueront ensemble. Elle a valeur de figuration mythique, d'élévation du comique à la fonction d'un décryptage de la condition métaphysique de l'être humain, même si Chaplin vise aussi plus concrètement à donner un coup de pouce à la carrière de Keaton, tombé, comme Calvero, dans un profond oubli.

Le film est tourné en cinquante-cinq jours et la dernière prise a lieu le 25 janvier 1952. Le 2 août, après montage, la copie finale est enfin prête et une avant-première est organisée dans le cinéma du studio de la Paramount, en présence de deux cents personnes qui sont enthousiastes.

Il a été décidé que la première mondiale aurait lieu à Londres. La famille Chaplin quitte Los Angeles le 6 septembre 1952, après avoir participé à une fête d'adieux organisée à son intention où ont été invités Arthur Rubinstein et Marlon Brando. La soirée est gaie et réussie mais Chaplin ne cache pas son inquiétude. Il a le pressentiment que ce voyage est peut-être sans retour. Le 9 septembre, le couple Chaplin arrive à New York. Il est rejoint une semaine plus tard par les quatre enfants et leurs nurses. Ce séjour à New York est loin d'être paisible. Averti par son avocat qu'un procès contre United Artists est imminent et qu'il risque de recevoir une citation à comparaître, Chaplin se terre dans l'hôtel Sherry Netherlands. Édith Piaf racontera que l'acteur a dû se cacher pour assister à l'un des tours de chant qu'elle donne alors à New York.

Le vendredi 17 septembre, toute la famille embarque à bord du paquebot *Queen Elizabeth*. Chaplin, par crainte des huissiers, est monté à bord plus tôt, à cinq heures du matin, et s'est enfermé dans sa cabine. Ce n'est que lorsque le *Queen Elizabeth* est enfin en haute mer que Chaplin fait son apparition dans les coursives et les salons du bateau. Il semble libéré, comme si, intuitivement, il savait qu'une page de sa vie vient d'être définitivement tournée. Deux jours plus tard, le radio de bord reçoit un message informant que l'attorney général des États-Unis, James McGranery a annulé le visa de retour de Chaplin et ordonné aux services d'immigration de se saisir de celui-ci à des fins d'audition au cas où il foulerait à nouveau le sol américain. Chaplin est désormais interdit de retour aux États-Unis. C'est la plus grande part de sa vie qui se trouve ainsi rayée par une décision administrative. La presse, avertie, l'assaille de dizaines et de dizaines de câbles pour connaître ses réactions. Mais Chaplin a désormais la tête ailleurs : ce qui compte pour lui, c'est de savoir quelles vont être les réactions de Oona et de ses enfants en découvrant la Grande-Bretagne, le pays de son enfance.

Retour en Europe

Lorsque Chaplin débarque à Southampton, il est assailli par la presse qui lui demande de réagir au comportement du gouvernement américain à son endroit. Prudent, Chaplin, qui a laissé tous ses biens aux États-Unis et a peur que ceux-ci puissent être confisqués, évite de répondre directement. La foule, peut-être moins dense qu'autrefois, est cependant encore nombreuse pour l'accueillir. À l'entrée de l'hôtel Savoy où il réside, une corbeille de fleurs, ornée d'un chapeau melon et d'une canne, lui est offerte. Oona, que découvre le public britannique, ne fait qu'une brève déclaration : « Je suis heureuse de rester à l'arrière-plan et de me rendre utile quand on a besoin de moi. C'est peut-être pourquoi je suis la seule de ses quatre épouses qu'il ait amenée à Londres et j'en suis très fière[1]. » Lorsqu'on lui demande quel type de mari est Chaplin, elle va à l'essentiel et répond que celui-ci possède « une double personnalité. L'une difficile, l'autre facile[2] ». De toutes les femmes qui ont vécu avec Chaplin, Oona est sans doute celle qui a parfaitement saisi la dualité psychologique de son mari, source de son esthétique et du personnage de Charlot.

La Grande-Bretagne se mobilise derrière Chaplin pour se révolter contre la décision de non-retour aux États-Unis dont il est frappé. La Chambre des communes presse le Foreign Office d'intervenir. Bientôt, une campagne de presse en faveur de Chaplin se développe dans toute l'Europe. Il faut dire que le gouvernement américain, qui n'a pas été tenu au courant de la démarche de McGranery, soumis à la pression des tenants du maccarthysme, est atterré par une décision qui altère l'image des États-Unis dans le monde.

Chaplin fait visiter à Oona le Kennington de son enfance dont il reste quelques traces. Il se promène souvent à pied, prend le bus ou le métro dans le plus parfait anonymat. Personne, à la vue ce monsieur à la chevelure blanchie, ne reconnaît Charlot. Lors de ce séjour, Chaplin a aussi de nombreuses activités mondaines : il assiste à un concert donné par Toscanini, est l'invité du Variety Club ou du Cercle de la critique. La première des *Feux de la rampe* a lieu le 23 octobre 1952 au cinéma Odeon, à Leicester Square. Elle fait partie d'un gala de bienfaisance destiné à venir en aide à la Société royale de Londres pour l'enseignement et la formation des aveugles. Une conférence de presse a lieu le matin où est aussi présente Claire Bloom, qui embrasse chaleureusement Chaplin devant les journalistes. L'actrice est absente le soir de la première car elle joue au théâtre. Chaplin, lui, déclenche des tonnerres d'applaudissements lorsqu'il monte seul sur scène devant les caméras de télévision qui filment la cérémonie en direct.

L'enthousiasme n'est pas moins grand à Paris où se rend ensuite Chaplin. Dans l'après-midi du 29 octobre, la foule s'est amassée à Orly pour attendre le grand homme. Lorsque tous les passagers ont débarqué, Chaplin fait enfin son apparition en haut de la passerelle de l'avion et d'un geste amical salue la foule en brandissant un grand feutre noir. Bienvenue, Charlie ! s'écrient les délégués des organisations de cinéastes et de techniciens du cinéma rassemblés en bas, sur la piste. Arrivé dans le hall, Chaplin se dirige vers un micro et lance un vibrant salut à la France avant d'être emmené à l'hôtel Ritz, place Vendôme, à Paris. Une conférence de presse se tient à dix-huit heures dans l'un des salons de l'hôtel. Lorsque Chaplin entre dans la pièce, il est longuement applaudi par une foule de journalistes et d'admirateurs. Il prend la parole pour dire qu'il ne revêtira jamais plus au cinéma la défroque de Charlot, qui est désormais à ses yeux « *the little forgotten man* », le petit homme oublié, une expression qui, aux États-Unis, sert aussi à désigner les chômeurs et renvoie au discours de Roosevelt prononcé sur les ondes de Radio Albany le 7 avril 1932. Chaplin achève ses propos en affirmant son amour pour la France et l'espoir que son film *Les Feux de la rampe* sera bien reçu.

La première du film a lieu le lendemain au cinéma Le Biarritz, situé sur les Champs-Élysées.

Lorsque, le film achevé, la lumière revient dans la salle, s'élève une gigantesque ovation tandis qu'André Lang, le président des critiques de cinéma, s'avance sur scène pour saluer en Chaplin l'ami public numéro un.

Le jour suivant, après avoir visité le Louvre, le couple Chaplin est invité à déjeuner par le président de la République française Vincent Auriol. Chaplin est élevé au grade d'officier de la Légion d'honneur et nommé membre honoraire de la Société des auteurs et compositeurs dramatiques. Une soirée de gala en l'honneur des *Feux de la rampe* est organisée au cinéma Marignan. Elle rassemble les élites parisiennes, des cinéastes, des ministres, une grande partie du corps diplomatique, à l'exception de l'ambassadeur des États-Unis. C'est un triomphe. La critique parisienne ne tarit pas d'éloges sur le film. *L'Aurore* écrit : « Tous ceux qui ont au cœur l'amour de la vie et des hommes salueront *Les Feux de la rampe* comme un hymne bouleversant à la bonté, à l'amour, comme le message courageux d'un homme qui a su rester fidèle à lui-même et, malgré les plus inimaginables persécutions de tout l'appareil de presse et de police acharné depuis des années à détruire sa personnalité, a réussi à nous donner ce chef-d'œuvre de simplicité[3]. »

De même, le public réserve un accueil enthousiaste aux *Feux de la rampe* et n'hésite pas à faire la queue devant les grands cinémas pour voir le film. En 1952, il bat à Paris tous les records d'affluence et dépasse en six semaines un demi-million de spectateurs. Ce succès est d'autant plus remarquable que le film est projeté en version originale avec sous-titres en français.

Oona et Chaplin font de longues promenades dans Paris, rencontrent des personnalités : ils sont reçus par le baron de Rothschild, déjeunent avec Fernandel, sont conviés à une réception au Théâtre des Ambassadeurs où n'ont été invités que des comédiens : Yves Montand, Jean Marais, Bernard Blier... Lors d'une interview donnée à la presse à l'hôtel Ritz, Chaplin est amené à expliquer l'idéal féminin de la femme-enfant qui transparaît dans ses films :

> La femme très jeune est une combinaison de la « petite mère » et du premier amour. En vieillissant, la jeune fille devient une maîtresse ou une dame. La jeune fille combine ce qu'il y a de plus beau et ce qu'il y a de meilleur. Ainsi Edna Purviance : elle était à la fois belle pour le public et, pour moi, une amie et une mère[4].

La jeune fille est amante et mère à la fois, elle est une entité à la recherche de laquelle Chaplin, en manque de Hannah, s'est lancé depuis son enfance.

Le couple Chaplin assiste à une représentation de *Dom Juan* de Molière à la Comédie-Française où on le fait s'asseoir dans le (supposé) fauteuil de Molière. Il dîne aussi au restaurant Lapérouse en compagnie d'Aragon, Picasso et Sartre. Picasso qui, en 1947, avait soutenu Chaplin dans son combat contre l'expulsion de Hans Eisler, est depuis longtemps l'un de ses admirateurs. Le peintre reconnaît en lui l'incarnation vigoureuse du septième art. À ses yeux, la force de l'image dans certains films de Chaplin a la même puissance que la vue d'un tableau. Une fois la soirée terminée, au cours de laquelle Sartre demeure grandement silencieux, Aragon seul parlant anglais, Picasso emmène tout le monde visiter son atelier de la rive gauche qui se révèle une véritable « mine d'or », remplie, dans un grand désordre, de toiles de Matisse, de Modigliani, de Cézanne ou du Douanier Rousseau :

> Nous arrivâmes dans la plus triste mansarde, où même Chatterton n'aurait guère aimé mourir. D'un clou piqué dans une poutre pendait une ampoule électrique au bout d'un fil, et qui nous permit de voir un vieux lit de fer branlant et un poêle délabré. Contre le mur, une pile de vieilles toiles poussiéreuses. Il en prit une : un Cézanne, et un des plus beaux. Il en prit une autre, et une autre. Nous avons bien dû regarder ce soir-là cinquante chefs-d'œuvre. J'étais tenté de lui offrir une bonne somme pour le tout... rien que pour le débarrasser de tout ce désordre. Dans ces « bas-fonds » à la Gorki, il y avait une mine d'or[5].

Picasso montre ses propres toiles à Chaplin, lui en dévoile le détail, puis le salue et, d'un geste ample et théâtral, lui suggère de prendre la relève et d'exhiber à son tour les facettes de son génie. Chaplin qui, sur-le-champ, a compris ce que Picasso lui demande, va à la salle de bains et, devant la glace, exécute un numéro de pantomime, mimant les gestes mécaniques d'un homme qui se lave et se rase. Picasso a de l'estime pour Chaplin et sait reconnaître en lui un grand artiste. Il n'aime pas pour autant *Les Feux de la rampe*, trop sentimental, trop larmoyant à ses yeux. Surtout, il prend la mesure du vieillissement de Chaplin, ce qu'il n'admet pas pour l'acteur pas plus que pour lui :

> La vraie tragédie, c'est que Chaplin ne peut plus assumer l'apparence physique du clown, parce qu'il n'est plus mince ni jeune et n'a plus le visage et les expressions de son « petit homme », mais les traits de quelqu'un qui a vieilli. Son corps, ce n'est plus lui ; le temps l'a vaincu et a fait de lui quelqu'un d'autre. Et maintenant, c'est une âme perdue — juste un acteur à la recherche de sa personnalité, et qui ne fera plus rire personne[6].

Picasso, lui aussi, a bien saisi la personnalité de Chaplin. Mais est-ce la vieillesse qui a perdu l'acteur ou est-il fondamentalement « une âme perdue » qui a usé du cinéma pour se trouver et se construire ? Et Charlot, le vagabond, n'est-il pas la figure de cette « âme perdue » qui, peu peu, s'estompe au fur et à mesure que Chaplin accède à la parole et à lui-même ?

Chaplin a d'autant plus facilement accepté de rencontrer des artistes politiquement compromettants comme Picasso, Sartre ou Aragon que, dans son for intérieur, il a abandonné toute idée de revenir aux États-Unis, tant perdurent les campagnes de presse qui lui sont hostiles. Aussi décide-t-il de transférer sa fortune en Europe.

Juste avant son départ, par précaution, il a déposé tous ses avoirs personnels dans un coffre de la Bank of America et donné une procuration à Oona. La seule solution est que celle-ci fasse incognito un voyage aux États-Unis pour récupérer le tout. Oona, l'épouse fidèle, ne recule pas devant le risque que présente un tel voyage. Elle prend l'avion le 17 novembre 1952 pour New York puis un vol pour Los Angeles. Le séjour de Oona aux États-Unis dure dix jours pendant lesquels Chaplin est mort d'angoisse. Mais elle accomplit sa mission à la perfection. Elle va à la banque et, sans encombre, se fait ouvrir le coffre où sont enfermées les valeurs de Chaplin. Elle fourre le tout, argent, actions, documents, dans une valise sans éveiller les soupçons. Elle transfère ensuite les comptes de Chaplin en Europe, organise le déménagement des meubles et des archives et parvient à passer, à la barbe des douaniers, des coupures d'un millier de dollars cousues dans la doublure de son manteau de fourrure. La grande villa de Beverly Hills est vendue, puis les studios.

Lors de ce court séjour aux États-Unis, Oona ne peut cependant que constater les dégâts humains provoqués par l'acharnement du FBI à trouver des preuves contre Chaplin : les domestiques ont été soumis à des interrogatoires impitoyables tout comme son demi-frère, Wheeler Dryden, que ces épreuves ont terrifié.

Le 27 novembre 1952, Oona est de retour à Londres où Chaplin est venu l'attendre. Toute la famille part bientôt pour la Suisse, quelques jours plus tard, car celle-ci offre, comme on le sait, des avantages fiscaux non négligeables. Après s'être installés à l'hôtel Beau Rivage à Lausanne, Chaplin et son épouse se mettent en quête d'une maison où s'installer définitivement. À Corsier-sur-Vevey, ils finissent par découvrir une vaste demeure en vente, le Manoir de Ban, et l'achètent pour la somme de cent mille dollars. Le manoir, construit en 1840 par un architecte qui a aussi édifié l'hôtel Richemond de Genève, possède quinze chambres sur trois étages et, au rez-de-chaussée, un salon entouré à chaque extrémité d'une salle à manger et d'une bibliothèque où Chaplin passera une bonne partie de son temps. Au premier étage, seront aménagées les chambres du couple et celles des invités. Le troisième étage deviendra le royaume des enfants. Dans l'une des caves, Chaplin entreposera ses archives transportées des États-Unis où se mêlent scripts, carnets de bord du studio, plaques de verre des négatifs des photos de plateau. Le vaste manoir étant, en outre, entouré d'un parc de quinze hectares, les coûts d'entretien de la propriété sont énormes. Celle-ci requiert un personnel nombreux. Douze domestiques sont engagés, de nationalité essentiellement italienne. Une secrétaire britannique, du nom de Rachel Ford, est aussi recrutée. Après avoir fait partie des Forces françaises libres, elle a participé au Mouvement européen en organisant des conférences internationales. Elle a accepté l'emploi par passion pour les films de Chaplin. Elle demeurera à ce poste pendant plus de trente ans et défendra avec acharnement les intérêts de son nouveau patron.

Chaplin, son installation faite, coupe les derniers liens qui le reliaient encore avec les États-Unis. Il se rend chez le consul américain et lui restitue son permis d'entrée en l'informant qu'il renonce à être résident permanent aux États-Unis. Oona, de son côté, décide, malgré les préventions de son mari, de renoncer à la nationalité américaine. Lorsqu'on lui demande si les États-Unis lui manquent, Chaplin répond par la négative tant, pour lui, ce pays a radicalement changé sous la pression du progrès technique et d'un capitalisme triomphant :

> Des amis m'ont demandé si les États-Unis me manquent, ou New York. En toute franchise, non. L'Amérique a changé, et New York aussi. Les proportions gigantesques qu'ont prises les institutions industrielles, la presse, la télévision et la publicité m'ont complètement coupé de la conception américaine de la vie. Ce qu'il me faut, c'est l'autre face de la médaille, un sens de la vie personnelle plus simple, et non pas les avenues ostentatoires ni les immeubles titanesques qui rappellent à jamais les grosses affaires et leurs pesantes réussites[7].

La famille Chaplin, désireuse de mener enfin une vie tranquille, se mêle à la vie locale et refuse la plupart des invitations. Chaplin lui-même se sent désormais libre de ses fréquentations politiques. En juillet 1955, il déjeune avec le Premier ministre chinois Chou En-lai, qui participe à la Conférence de Genève. Ce dernier lui raconte des anecdotes sur la Longue Marche. En réponse, Chaplin lui dit croire en l'avenir de la Chine et porte un toast en son honneur.

En 1957, lors d'une réception donnée par l'ambassade soviétique au Claridge à Londres, il fait aussi la connaissance de Khrouchtchev, qui lui apprend combien ses films sont populaires en URSS. Le lendemain, au grill du Savoy, il rencontre Churchill qu'il n'avait pas vu depuis 1931, et lui présente Oona. Si Chaplin nourrit la plus grande admiration pour celui qui a sauvé l'Angleterre du nazisme, il témoigne de l'incompréhension pour son discours de Fulton du 5 mars 1946 qui, en fustigeant l'expansionnisme soviétique, peut être considéré comme l'un des premiers jalons de la guerre froide. Dans son autobiographie, lorsqu'il évoque cet épisode, Chaplin développe les raisons de cette incompréhension, tant pour lui les vrais ennemis à combattre pour les démocraties occidentales, ce sont avant tout l'argent et le mercantilisme qui feront la matière du film *Un roi à New York* :

> « Je ne suis pas là pour présider à la dissolution de l'Empire britannique », disait Churchill. C'est peut-être une belle phrase, mais c'est une déclaration ridicule en face des réalités modernes.
> Cette dissolution n'est pas l'œuvre d'agitateurs politiques, d'armées révolutionnaires, de propagandes communistes, d'émeutiers ni d'orateurs de carrefour. Les conspirateurs, ce sont ces publicistes internationaux — la radio, la télévision et le cinéma —, l'automobile et le tracteur, les innovations scientifiques, l'accélération de la vitesse et des communications. Voilà les révolutionnaires qui sont responsables de la dissolution des empires[8].

Chaplin fait aussi la rencontre de Nehru à Lucerne, l'invite à déjeuner au Manoir de Ban et évoque avec lui la politique de l'Inde. En 1954, il reçoit un prix de cinq mille livres de la part d'une organisation communiste pour la paix mondiale qu'il reverse à l'abbé Pierre pour construire des logements destinés aux sans-abri, et à la mairie de Lambeth pour venir en aide aux vieux et aux pauvres.

Fin 1953, Chaplin nourrit un projet qui va devenir *Un roi à New York*. Au cours de l'automne 1955, Jerry Epstein, le producteur associé de son précédent film, le rejoint en Suisse pour travailler sur ce nouveau film. Une autre compagnie, Attica, est fondée et le studio de Shepperton, en Angleterre, est loué. Chaplin travaille fébrilement dans sa bibliothèque, noircissant du papier à longueur de journée et dictant fébrilement suggestions et idées à sa secrétaire. Le témoignage de celle-ci est intéressant car il nous permet de mieux saisir le processus de création de l'artiste qui n'est pas un processus abstrait mais est déclenché par un jeu théâtral :

> Il ne prend l'aide de personne ; il est lui-même son dialoguiste et son scénariste. Sa manière de penser est très particulière. En réalité, il ne réfléchit pas au sens habituel du mot ; il joue. Il a l'idée, par exemple, d'une scène où le roi et la reine viennent chercher un gîte dans un hôtel. Comment ? Que va faire le roi ? Va-t-il se commander à boire ? Pour le savoir, Chaplin joue la scène[9].

Un roi à New York est un film qui se situe à front renversé par rapport à une œuvre telle que *Le Dictateur*. Car c'est le point de vue d'un roi déchu, devenu une ombre, le roi Shahdov (*shadow*), en exil en Amérique, qui sert à dénoncer les travers d'une société américaine mercantile où triomphent l'argent, la publicité, la télévision et où règne un maccarthysme qui pourchasse les sympathisants communistes et peut corrompre les idéaux d'un enfant. Le roi Shahdov d'Estrovia s'est réfugié aux États-Unis pour défendre une utilisation pacifique de l'énergie atomique. Dépouillé de sa fortune par son Premier ministre qui se révèle un escroc, accompagné de son fidèle ambassadeur réduit à une fonction de majordome, il fait l'expérience de la société américaine capitaliste et renfloue son compte en banque en faisant de la publicité. Lors de la visite d'une école pilote, il fait la rencontre d'un petit garçon précoce, Rupert Macabee, qui lit Marx dans le texte et, à l'instar de ses parents, professe, dans une logorrhée que rien ne peut arrêter, des idées communistes et libertaires. Le roi qui, par bonté, a recueilli l'enfant échappé de son école, se voit accusé de sympathie communiste et passe devant la Commission des activités antiaméricaines. L'absurdité de l'accusation qui soupçonne un roi d'être communiste devient une pure farce lorsque le roi Shahdov arrose la Commission avec une lance à incendie dans le tuyau de laquelle un de ses doigts est coincé. La farce a un sens symbolique : seul le gros rire peut laver la société américaine des souillures et des ridicules du maccarthysme.

Le film s'achève néanmoins par une note inquiétante. Le jeune enfant, pour sauver ses parents, a dû faire œuvre de délateur et donner des noms. Sa conscience a été violée par la fureur d'une société oublieuse de la démocratie qui s'est lancée dans une chasse aux sorcières destructrice des âmes. Bien évidemment, le personnage de Rupert Macabee fait écho au Kid. Mais la violence qui s'exerce sur lui est finalement pire : le Kid était une victime sociale, errant dans le dénuement et la misère, le jeune Rupert Macabee s'est trahi lui-même et s'est renié.

Une société qui commet de tels forfaits défigure les visages comme les âmes : alors que dans le précédent film, Chaplin a livré son visage au public et laissé tomber le masque, chacun est désormais poussé à refuser les atteintes du temps et, pour rester jeune, à recourir à la chirurgie esthétique qui déforme les traits et éteint le rire. Le roi Shahdov, ayant subi une telle opération de chirurgie, n'arrive plus à rire sous peine faire craquer les coutures qui immobilisent ses traits. La société capitaliste tue le rire, ce qui est la marque d'une rupture démocratique grave. À peine apparu sur les écrans, le visage de Chaplin-Charlot est déformé par le mercantilisme qui frappe de plein fouet toute vérité humaine et sociale. L'être humain, happé par un conditionnement généralisé, harcelé de laideur, est conduit à consentir, du fait de la menace atomique, à sa propre extinction et négation.

Je crois le moment venu de dresser un bilan du monde tel que je le vois aujourd'hui. Les complexités de plus en plus nombreuses de la vie moderne, le rythme effréné du XXe siècle font que l'individu se trouve cerné par des institutions gigantesques qui le menacent de tous côtés, sur le plan politique, scientifique et économique. Nous devenons les victimes du conditionnement des âmes, des sanctions et des permissions.

Cette matrice dans laquelle nous nous sommes laissé mouler est due à un manque d'intuition culturelle. Nous nous sommes lancés aveuglément dans la laideur et dans l'entassement et nous avons perdu notre sens esthétique. Notre sens de la vie a été émoussé par l'appât du gain, le pouvoir et le monopole. Nous avons laissé ces forces nous envelopper sans nous préoccuper le moins du monde des redoutables conséquences que cela pourrait avoir. La science, privée d'une orientation réfléchie et du sens des responsabilités, a remis aux politiciens et aux militaires des armes de destruction telles qu'ils détiennent entre leurs mains le destin de toutes les créatures vivantes sur terre. […]

L'homme est un animal aux instincts de survie primitifs. Son ingéniosité s'est donc développée d'abord, et son âme ensuite. Ainsi le progrès scientifique a-t-il une avance considérable sur le comportement moral de l'homme[10].

Il est frappant de voir combien ces analyses de Chaplin visent juste et permettent de lire en profondeur l'évolution d'une société où tout, y compris l'être humain, devient marchandise, qui consent à ce que le philosophe Günther Anders, à la même époque, nomme « l'obsolescence de l'homme ». De même, l'accent mis sur le décalage entre le progrès scientifique et son évolution morale rejoint les analyses de philosophes, tel Anders, dont on découvre aujourd'hui la modernité. Chaplin, lorsqu'il développe de telles analyses engagées, montre la profondeur du comique qui est le sien. Celui-ci est le levier qui permet d'exhumer le monde tel qu'il est, il est un révélateur politique.

Le tournage d'*Un roi à New York* a lieu du 7 mai au 28 juillet 1956. Sa durée est brève car Chaplin doit faire face aux coûts de location du studio. Le roi est, bien sûr, interprété par Chaplin qui, dans ce film, règle aussi ses comptes avec une société américaine qui l'a exclu. La séduisante publicitaire qui, lors d'un dîner, piège le roi, filmé à son insu par la télévision, est jouée par Dawn Addams, une jeune femme rencontrée à Hollywood. Michael Chaplin, quant à lui, interprète le rôle du gamin révolté avec une aisance et une facilité remarquables. « Je me suis efforcé de faire ce que mon père voulait et nous nous sommes bien entendus[11] », dira-t-il lorsqu'il sera interrogé sur sa prestation. Chaplin effectue le montage du film à Paris entre août et octobre 1956. C'est au cours de cette période que Chaplin et Oona rencontrent par hasard dans un restaurant Paulette Goddard et son mari, l'écrivain Erich Maria Remarque. Faisant table commune, ils profitent de cette rencontre pour évoquer les souvenirs qui les lient. Le 23 mai 1957, Oona donne naissance à un sixième enfant, Jane. Deux ans plus tard, le 3 décembre 1959, naîtra aussi Annette Emily.

Lorsque *Un roi à New York* sort à Paris, le 24 septembre 1957, la presse française réserve au film un accueil mitigé. Aux États-Unis, la propagande se déchaîne, une fois de plus, contre Chaplin et nie son génie. Lorsqu'en 1958 est créée à Hollywood la fameuse promenade des célébrités (*Walk of Fame*), aucune étoile de bronze scellée sur Hollywood Boulevard ne porte le nom de Chaplin.

Mais Chaplin résiste et, quoi qu'il ait pu dire, pense parfois à faire réapparaître Charlot dans un prochain film. Certes, la figure de Charlot est liée à des moments particuliers de l'Histoire. Elle prend tout son sens dans le monde du début du XXᵉ siècle, lorsqu'elle incarne l'archétype du vagabond ou dans les années 1930, lorsqu'elle personnifie celui du chômeur. Elle s'est effacée derrière de nouveaux personnages tels Monsieur Verdoux ou Calvero. Mais, dans les années 1950, Chaplin évoque souvent l'idée de faire revenir le vagabond car, pour lui, « le petit homme avait sa place à l'ère atomique[12] ».

À la fin des années 1950, Chaplin prépare, avec l'aide de Jerry Epstein, *La Revue Chaplin*, *The Chaplin Review*, un film juxtaposant trois films muets, *Une vie de chien*, *Charlot soldat* et *Le Pèlerin*. C'est l'occasion pour lui de redécouvrir le vagabond qui figure la part de l'être humain rebelle aux conditionnements modernes, le vagabondage des sentiments comme de la raison qui scelle la véritable humanité. En introduction, Chaplin monte des extraits de *Comment on fait des films* qui proviennent de ses anciens studios. Il y apparaît en toute vérité, alors jeune, dépouillé de son habit de Charlot. Chaplin juxtapose aussi des extraits d'actualités de la Première Guerre mondiale et *Charlot soldat*, suggérant ainsi la valeur réaliste de ses comédies. Il enregistre enfin une nouvelle partition pour *Le Pèlerin*, composant un pastiche de la musique country, *Bound for Texas*, « En route vers le Texas ». Chaplin, dont on a déjà dit le talent de compositeur, fredonne l'air, un pianiste le joue et un musicien le retranscrit sous forme de notes. Il chantonne à nouveau et le musicien recopie encore. Plusieurs essais sont nécessaires avant que Chaplin s'estime satisfait :

> C'est un vrai spectacle de le regarder, non seulement chanter, jouer du piano, mais gesticuler avec la musique, rejouer les différents rôles de scène qu'on travaille en caricaturant les mouvements afin d'en tirer une réponse tonale. Chaplin ne tient pas en place : c'est un vrai ballet[13] !

Le film *La Revue Chaplin* sort en salles en septembre 1959. En avril de la même année, Chaplin a eu soixante-dix ans. La presse du monde entier fête cet anniversaire et Chaplin répond à de nombreuses interviews. Il ne cesse de répéter son refus de la guerre et pointe le péril atomique. Il s'émerveille aussi de la vie désormais apaisée qu'il mène en Suisse en compagnie de Oona, malgré leur différence d'âge :

> Oona est mon inspiratrice et c'est une bonne spectatrice. Elle a un talent inné et sa critique est constructive. Pour profiter de ses réactions, je lui laisse voir mon travail quotidien. Elle n'émet jamais d'opinion sans que je le lui demande. Parfois, je ne suis pas d'accord avec elle, puis je découvre une semaine plus tard qu'elle avait raison[14].

Chaplin, qui a connu tant de femmes, se réfugie désormais dans une passion unique pour Oona qui, en retour, se livre tout entière à lui, à la fois amante et pleinement mère.

Oona et son mari fréquentent assidûment en famille le cinéma Rex de Vevey et font parfois organiser des projections privées de films réalisés par Chaplin à l'intention de leurs amis. Ils se retrouvent souvent lors de tête-à-tête amoureux et complices dans les auberges situées au bord du lac Léman car ils sont sensibles aux plaisirs de la table. Leur restaurant préféré est l'Auberge de l'Onde, logée au centre du village de Saint-Saphorin. Oona et Chaplin dînent chaque dimanche soir dans cette pinte vaudoise qui met en valeur les produits du terroir et, les soirs d'été, déborde sur la place du village. Chaplin fait régulièrement honneur au poulet à l'estragon et aux cuisses de grenouille à la provençale tandis qu'Oona préfère des plats à base de poisson et commande souvent un sandre poêlé à l'ail doux ou des filets de perche meunière. Mais tous deux prennent invariablement en dessert un mille-feuille framboise-coco. Oona et Chaplin aiment aussi à pique-niquer dans le parc de leur manoir, prenant plaisir à déguster une pomme de terre en robe des champs cuite dans une papillote et recouverte de caviar qu'ils accompagnent d'un verre de vodka ou de champagne.

Le manoir possède ses légendes qui poussent les enfants à s'amuser parfois aux dépens des visiteurs lorsqu'ils évoquent, pour leur faire peur, le mystérieux fantôme qui viendrait rôder la nuit dans les couloirs. Oona a été la première à évoquer l'existence de ce fantôme, sans doute, selon elle, la femme d'un des anciens propriétaires, dont les craquements des boiseries ne peuvent que signaler la présence.

La famille voyage. L'été, elle loue une grande villa en France, Lo Scoglietto, à Saint-Jean-Cap-Ferrat. Les départs en vacances sont toujours orageux car Chaplin a du mal à quitter le manoir. Il n'est plus le vagabond mais le propriétaire exilé d'une belle demeure qui a pris racine dans sa nouvelle terre d'accueil, la Suisse. Le scénario est toujours le même. Toute la famille est entassée dans deux voitures dont une Bentley, signe extérieur de réussite, lorsque, invariablement, Chaplin prétexte que, de toute façon, il ne peut partir car il a encore du travail, a perdu son passeport ou bien ses lunettes. La tension monte aussitôt entre les membres de la famille car l'heure approche de partir pour l'aéroport. Invariablement alors, Oona sort de la voiture où elle s'était déjà installée, apaise Chaplin, lui démontre que son travail peut attendre ou retrouve les objets perdus. Chaplin se rend finalement à la raison et le petit cortège peut s'ébranler vers de futures vacances.

En juillet et août 1961, toute la famille part pour l'Extrême-Orient. En 1962, elle se rend en Irlande où Chaplin découvre la pêche au saumon, puis à Venise, Paris et Londres. Les honneurs pleuvent aussi en Europe : le 27 juin 1962, Chaplin reçoit le titre de docteur *honoris causa* de l'université d'Oxford en compagnie du secrétaire d'État américain Dean Rusk, du violoniste Yehudi

Menuhin et du peintre Graham Sutherland. À cette occasion, il déclare qu'il faudrait « un cœur de pierre pour n'être pas bouleversé[15] ». Il reçoit ensuite, neuf jours plus tard, ce même grade de docteur *honoris causa* de l'université de Durham. Les journaux américains entrent en effervescence : le *Philadephia Inquirer* parle de « Bouffonnerie à Oxford[16] », tandis que le *New York Times* se demande s'il ne serait pas temps de permettre à Chaplin de pouvoir revenir en Amérique.

Le 8 juillet 1962 naît un huitième enfant, un garçon prénommé Christopher James. Chaplin est alors âgé de soixante-treize ans. Il est à nouveau père à l'âge où la plupart des hommes sont grands-pères. Comment comprendre ce désir de fonder une famille si nombreuse ? Est-ce pour exorciser le destin d'enfant livré à lui-même qui fut le sien ? Est-ce pour contrecarrer la vie d'orphelin imposée aux *kids* de sa jeunesse ? Est-ce pour réaliser, dans la vie réelle, cette vraie famille que Charlot, au cinéma, essaie, malgré tout, de donner au Kid ? Désormais, dans les années 1960, grâce à la vie paisible qu'il mène avec Oona, Chaplin n'a plus besoin du cinéma pour se substituer à la vie réelle, c'est désormais la vie réelle qui prolonge le cinéma. La réalité vient à la rescousse du mythe personnel façonné par le septième art.

Néanmoins, le bonheur conjugal que vit Chaplin tend parfois à l'isoler de ses enfants qui, dans un grand confort matériel, vivent coupés du reste du monde. Cette coupure, Jane l'exprime douloureusement dans un livre de souvenirs, *17 minutes avec mon père*, qui est aussi un règlement de comptes avec Oona, accusée d'avoir été une mère difficile, peu à l'écoute de sa fille : « C'était comment, d'avoir été élevé par Charlie Chaplin ? D'avoir été choyé et dorloté grâce à tout cet argent ? Est-ce que vous aimeriez savoir à quoi a ressemblé l'éducation inculquée par le père du cinéma muet ?

« Ma vie avec lui ne fut que silence. Excepté dix-sept précieuses minutes, le 17 novembre 1974, au manoir, minutes durant lesquelles j'ai eu la chance, à dix-sept ans, de me retrouver enfin seule avec lui et de glaner une leçon de vie [...][17]. »

En outre, même s'il se montre plus sévère avec les plus âgés, Chaplin, tout comme Oona, peine à réprimander ses enfants et à exercer sur eux une quelconque autorité, abandonnant sa fonction d'éducateur aux gouvernantes. Peu à peu, certains d'entre eux vont quitter le domicile familial. Geraldine part la première pour étudier à la Royal Ballet School. Michael, le plus difficile des enfants, s'en va à son tour, entre à l'Académie royale des arts dramatiques de Londres, joue dans des films, fait de la musique pop. Il se drogue brièvement, demande l'aide publique, au point de faire sortir Oona de ses gonds : « Ce jeune homme est un problème et je suis navrée qu'on lui ait accordé l'aide publique. Depuis trois ans, il refuse obstinément de suivre des études et, en conséquence, il devrait trouver un emploi et travailler. Si je ne souhaite pas faire de lui un beatnik, c'est mon droit[18]. » Les liens entre Michael et sa famille se distendent, mais Oona, lorsqu'elle revient régulièrement à Londres, fait en sorte de lui rendre visite, prétextant des courses dont Chaplin n'est pas dupe.

C'est aussi l'époque où Chaplin commence à écrire, de manière intensive, ses Mémoires, observant une stricte discipline : levé à sept heures du matin, il nage dans sa piscine, prend son petit-déjeuner et travaille dans son bureau jusqu'à midi. Le moment du repas est suivi d'une courte sieste. Chaplin se remet ensuite au travail jusqu'à l'heure du thé. Le reste de l'après-midi est occupé par une partie de tennis jusqu'au dîner pris à dix-neuf heures. Durant la soirée, il retourne à son bureau pour écrire jusqu'à vingt-deux heures. Chaplin n'a besoin d'aucune aide, d'aucun « nègre ». Il s'adonne de manière aussi intensive à l'écriture qu'à la réalisation de ses films. Il lit souvent à haute voix les passages qu'il vient de rédiger à ses visiteurs. Lorsqu'il travaille, il ne peut supporter d'être dérangé. Engagé dans des travaux créatifs, il impose son ordre à toute la maisonnée et s'emporte facilement si un bruit inopportun vient le troubler. Comme le remarquera son fils Michael : « Mon père n'était comme aucun père. Complexe, doué, étrangement créatif, ses déraisons n'ont jamais été celles d'un petit banlieusard. Pour dire les choses modérément, il a toujours été un père qui donnait du fil à retordre[19]. »

Le livre, intitulé *Histoire de ma vie*, paraît en septembre 1964. C'est un fort ouvrage de cinq cents pages dont le premier tirage est de 80 000 exemplaires. Le livre est bien écrit même si, pour un biographe, Chaplin donne l'impression de demeurer parfois à la surface des choses, de se limiter à l'anecdote en relatant ses rencontres avec des femmes et des hommes célèbres et prestigieux. Bien évidemment, ceux qui ne sont pas cités dans cette autobiographie s'en offusqueront. En rédigeant ce livre, Chaplin témoigne à nouveau de la vaste palette de talents qui est la sienne : acteur, réalisateur, compositeur de musique et, désormais, écrivain. Le livre est un grand succès et Chaplin est encouragé à se lancer dans une nouvelle aventure de création.

La Comtesse de Hong Kong

Chaplin travaille à un nouveau projet qui reprend un scénario qu'il avait écrit pour Paulette Goddard trente ans plus tôt, intitulé *Stowaway*. Il était retourné en Asie en 1936, accompagné de Paulette Goddard, et avait séjourné à Hong Kong. Au retour du voyage, on l'a dit, il avait écrit un scénario qui met en scène un millionnaire tombant amoureux d'une belle Russe blanche employée dans un dancing, comme beaucoup d'aristocrates, échouées en Chine, après la révolution de 1917. Dans son esprit, Gary Cooper aurait pu jouer le rôle masculin mais la menace hitlérienne l'avait conduit à réaliser *Le Dictateur*.

Ainsi, bien des années plus tard, Chaplin revient à un scénario préexistant qu'il va cependant actualiser. Si les aristocrates russes émigrés à Shanghai après la révolution bolchevique sont morts, leurs enfants, qui ont émigré à Hong Kong, vivent une vie encore plus difficile. C'est cette situation historique qui va servir de prétexte au film.

Le personnage principal, Ogden Mears, est un ambassadeur américain millionnaire qui découvre, cachée dans sa cabine de bateau, une comtesse russe, Natacha Alexandrov. Celle-ci, employée comme « taxi-girl », veut aller aux États-Unis. Mears s'attendrit au récit de la vie de Natacha, qui a fui la Russie rouge et s'est liée à quatorze ans avec un gangster. Non sans réticences, il finit par la cacher dans sa suite, ce qui est source de fausses alertes et de claquements de portes. Il organise un faux mariage avec son valet, Hudson. La situation est encore compliquée par le fait qu'à Honolulu l'épouse de Mears monte à bord du navire tandis que Natacha plonge dans les eaux du port. Ogden Mears décide de divorcer à l'amiable avec sa femme. Tout est bien qui finit bien : le film s'achève sur un tango que Mears danse avec la comtesse.

Le tournage du premier film en couleurs de Chaplin commence le 25 janvier 1966 dans les studios de Pinewood à Londres et dure plusieurs mois. Chaplin n'est pas son propre producteur. Le film est, en effet, financé par l'Universal. Sophia Loren, qui interprète la comtesse, n'aura de cesse de dire toute la reconnaissance qu'elle porte à Chaplin qui, dit-elle, lui a appris le métier d'actrice : « Je croyais tout savoir du métier de comédienne, or vous m'avez tout appris. Je pensais savoir jouer alors que très souvent je me contentais de paraître et de me tirer d'affaire avec les moyens que procure une certaine expérience. Vous m'avez enseigné l'art de jouer à la fois avec mon physique, mon esprit et mon cœur[1]. »

Marlon Brando a hérité, lui, du rôle du diplomate. À l'évidence, le courant ne passe pas entre Chaplin et Brando. Comme le remarquera Sophia Loren :

> L'évidence crevait les yeux : Brando était mieux fait pour les rôles dramatiques que pour la comédie. Il faut reconnaître, en toute honnêteté, qu'il n'était pas l'acteur qu'il fallait pour *La Comtesse de Hong Kong*. Il cessa d'ailleurs de s'intéresser au film dès le début du tournage. Il était mal à l'aise et ne parvenait pas à sentir le personnage. Ce sont des choses qui arrivent. De plus, Chaplin et lui ne s'entendaient absolument pas. Jamais ne se produisit le déclic indispensable, jamais ne s'établirent ce climat décontracté et ce jeu réciproque qui stimulent l'inspiration et l'invention dont se nourrit la comédie. Ils se heurtaient souvent et, sur le plateau, l'atmosphère devenait de jour en jour plus tendue[2].

Brando revendique, en effet, une liberté d'artiste et ne supporte pas que Chaplin lui dicte jusque dans les plus petits détails la manière dont il doit interpréter son personnage : « Mon style de jeu a toujours eu besoin d'espace [...]. La méthode de Chaplin était différente. Il s'agissait d'une mosaïque. Sa façon de me diriger était un puzzle dont chaque pièce était taillée et polie pour correspondre à la suivante [...]. Avec Charlie, le jeu d'acteur était comme une partie d'échecs menée à cent vingt à l'heure ; il avait un talent remarquable mais il avait une personnalité monstrueuse[3]. »

Sophia Loren et Marlon Brando eux-mêmes s'adressent à peine la parole, montrent l'un envers l'autre une si grande indifférence que Chaplin doit leur rappeler qu'ils tournent une comédie romantique nécessitant une complicité entre acteurs. Car le film doit toucher les spectateurs :

> Le romantisme est toujours à la mode, au même titre que l'érotisme, l'amour ou la psychanalyse ; il est la condition *sine qua non* de toute humanité ; sans lui, la vie serait vraiment dépourvue d'intérêt. Je suis évidemment un romantique, et je crois que le romantisme fait partie intégrante de l'existence. C'est pour cela que nous allons au cinéma : non pour résoudre un problème mais pour nous laisser toucher par lui. Et j'espère que mon film réussira à toucher tout le monde[4].

Chaplin tourne la dernière scène du film le 11 mai 1966, mettant ainsi un terme définitif à sa carrière de cinéaste, cinquante-deux ans et trois mois après ses débuts à la Keystone. Une semaine avant la fin du film, il joue son dernier rôle au cinéma, endossant le costume d'un vieux steward victime du mal de mer qui pénètre furtivement dans la cabine du diplomate. Pour le film, Chaplin compose, en outre, dix-sept thèmes musicaux dont la chanson « This is My Song », qui devient vite un succès populaire.

Pourtant, lorsque le film est présenté en avant-première mondiale au Carlton Theatre de Londres, il est éreinté par la critique qui crie au « *big flop* ». Pour *Le Times*, le film est une erreur regrettable. Le journaliste du *Daily Telegraph* note de manière encore plus assassine : « C'est probablement le meilleur film qui ait jamais été réalisé par

un homme de soixante-dix-sept ans. Malheureusement, c'est le pire jamais réalisé par Chaplin ! »
Pour beaucoup, le film paraît daté et renvoie au vaudeville des comédies américaines dont le prototype est *New York Miami* de Frank Capra en 1934. Comme l'écrit le critique de l'*Evening News* : « Pendant deux heures, je me suis cru revenu en 1930. Cela aurait pu être fascinant pour nous rappeler ce temps si la technique, elle aussi, ne datait pas de cette époque. C'est un film de cinémathèque, l'œuvre d'un homme qui fut un cinéaste génial, mais qui n'a pas su évoluer avec son moyen d'expression[5]. »

La critique française est moins sévère. « Épines à Londres, roses à Paris », titre *Le Figaro*. *Paris Match* remarque que ce film est « une charmante comédie qui ne mérite pas la sévérité de la presse britannique[6] ». La première française, qui a lieu à l'Opéra de Paris, est d'ailleurs un succès et le film est longuement et vigoureusement applaudi.

Chaplin, quoique blessé par les réactions négatives de la critique londonienne, est cependant guidé par une conviction intérieure, certes déjà énoncée à propos de précédents films : *La Comtesse de Hong Kong* est son meilleur film. Il le dit, lors d'un entretien accordé à Francis Wyndham :

Je crois que c'est mon meilleur film. [...] C'est plein d'inventions, ce qui me plaît toujours, et cependant c'est très simplement construit ; il m'a fallu beaucoup de temps pour lui donner un sens où tout s'enchaîne bien. Des choses comme *La Ruée vers l'or* — un, deux, trois, une tarte à la crème, c'est si facile. Une comédie élaborée comme *La Comtesse* n'est sans doute pas mécanique, mais les situations y sont terribles. Les critiques d'aujourd'hui sont terrifiés à l'idée de paraître démodés, mais ce film a dix ans d'avance sur son temps[7].

Si Chaplin défend autant *La Comtesse de Hong Kong*, ce n'est pas seulement parce que à ses yeux sa dernière œuvre ne peut être que la plus belle et la plus achevée. C'est parce qu'elle est la dernière pierre ajoutée à l'édifice de soi que construit, l'un après l'autre, chacun de ses films. Grâce au parlant puis à la couleur, Chaplin a fini d'édifier un mythe personnel dont le personnage de Charlot ne constitue que l'une des premières étapes. Il a fini de reconstituer en une totalité l'être divisé et muet, aliéné à lui-même par son histoire et les forces de la société que figurait Charlot. Le vagabond a acquis unité, cohérence psychologique et parole.

Tout converge, dans ce dernier film, vers Hannah qui se métamorphose en une comtesse russe, entraîneuse de dancing. Hannah est la figure de totalité dont rêve Chaplin et qu'il charge le cinéma de reconstruire. Natacha est Charlot en plénitude. Elle est la voix venue d'Asie, par-delà l'horizon vers lequel se dirigeait, dans les premiers films, le vagabond. Elle est la figure de Chaplin réconcilié avec lui-même. Chaplin se cherchait dans les femmes, aussi bien dans la vie qu'à l'écran. Il s'est enfin trouvé dans le trio féminin Natacha-Hannah-Oona qui est devenu la part accomplie de lui-même. Il ne se raconte plus à travers le personnage du tueur de femmes qu'était Monsieur Verdoux. L'androgynie de Charlot, qui pouvait se déguiser en *Mamzelle Charlot* (1915), annonçait le désir d'une totalité à venir et d'un mythe personnel à construire.

Voilà pourquoi la comtesse englobe finalement Charlot qui n'était que la figure d'étape menant à elle. Le cinéaste Éric Rohmer l'explique :

> Charlot, ici, c'est Natacha. Quelques gags très précis le prouvent, relatifs au costume : le petit chapeau melon dans quoi l'héroïne s'apprête à vomir, les robes tour à tour trop larges ou trop étroites, et surtout le pyjama duquel affublée Sophia Loren singe ouvertement Charlot, talons joints, pieds écartés. [...] Ce n'est pas la femme qui apparaît masculinisée, dans ce travestissement, mais rétrospectivement, Charlot féminisé. Cette incertitude du sexe ne débouche sur aucun érotisme, sa couleur reste tout enfantine, gentille. Mais, plus profondément le caractère androgyne de Charlot (révélé dans certaines mines, pudeurs, contorsions) postule une aspiration à cet être humain « total » que ne peuvent être le mâle ou la femelle aux types nettement tranchés[8].

La Comtesse de Hong Kong réalise l'esthétique de Chaplin, qui a su utiliser le cinéma pour construire une biographie parallèle supplantant le réel et édifier, à travers les films, un mythe personnel en forme d'antidestin. Il est d'ailleurs très significatif que Chaplin, sur ses vieux jours, ait pensé à un dernier projet de film intitulé *The Freak*, « le monstre », qui raconte l'histoire d'une femme-oiseau qui excite le désir des hommes. Fille de missionnaires, elle a grandi parmi les Indiens de la terre de Feu, hors de toute influence occidentale. À douze ans, devenue orpheline, elle a la surprise de voir des ailes lui pousser et acquiert le pouvoir de voler. Amoureuse d'un jeune historien, elle finit par être capturée en sa compagnie et est exposée dans une cage de foire. Elle réussit cependant à s'enfuir et déploie ses ailes vers l'Atlantique par une nuit de pleine lune. Plongeant en direction des eaux noires de l'Océan, elle disparaît, conservant pour toujours son mystère. Le scénario est refusé par la United Artists, la compagnie pourtant créée par Chaplin bien des décennies auparavant. Ce film jamais réalisé, négligé par les biographes, porte peut-être en lui la clef ultime de son œuvre. Car, ouvertement, cette femme-oiseau suggère une parousie, la réalisation d'un accomplissement mythique personnel vers lequel tend l'œuvre de Chaplin.

Elle incarne une assomption de la femme, libre de toutes les pesanteurs, figure d'un mythe de totalité, patiemment construit film après film, personnage après personnage. Certes, le film ne sera pas réalisé, mais le pouvait-il ? Car si le mythe est un antidestin, c'est bien malgré tout dans le mystère de la mort qu'il se réalise définitivement en un ultime va-et-vient entre la réalité et la fiction.

De fait, la mort rôde autour de la réalisation de *La Comtesse de Hong Kong*. Le 16 avril 1965, Sydney s'éteint à Nice, à l'âge de quatre-vingts ans. Chaplin perd une part de lui-même tant l'entraide des deux frères fut grande pendant leur enfance et leur vie liée. Le 20 mars 1968, Charles

Chaplin junior, son fils aîné, meurt prématurément en Californie dans la maison de sa mère, Lita Grey, d'une thrombose occasionnée par une blessure mal soignée. Chaplin lui-même ne peut désormais qu'avoir les yeux tournés vers la mort.

Dernières années

Au cours des années 1970, Chaplin veille à ce que ses anciens films soient remis en exploitation. Il finit par accepter la proposition de Moses Rothman, un ancien directeur exécutif de la United Artists, et cède ses droits jusqu'en 2001 à une compagnie du nom de Black Inc. En retour, il reçoit une avance de six millions de dollars et 50 % des royalties. Ainsi, le 4 novembre 1971, sortent à nouveau en salle *Les Temps modernes*. La première a lieu au Paramount-Élysées en présence de Chaplin, qui s'est déplacé pour l'occasion. La soirée s'achève par une réception chez Maxim's où lui est offert un immense gâteau sur lequel figurent une canne et un chapeau melon en nougatine.

Pendant cette période, Chaplin compose aussi de nombreuses musiques originales pour ses films muets tels *Une idylle aux champs* en 1974 ou *L'Opinion publique* en 1976. La musique lui permet de redonner un bain de jouvence à ses œuvres et peut-être à lui-même. Il lui arrive de jouer sur un accordéon de vieilles ballades irlandaises et de faire profiter ses invités ou sa famille d'un récital improvisé. Lors d'une visite du guitariste gitan Manitas de Plata au Manoir, alors que ce dernier s'apprête à chanter, Chaplin se lève et improvise une chanson qui mime la langue espagnole.

Chaplin accepte, avec l'aide de Oona, de rédiger les textes d'un album photo qui lui est consacré, *My Life in Pictures*, et sert de complément à son autobiographie. Le livre est illustré par les nombreuses photos qu'il possède, qu'il s'agisse de clichés du studio ou de clichés privés.

C'est aussi le temps où le génie de Chaplin est pleinement reconnu : lors du festival de Cannes 1971, il est élevé au grade de commandeur de la Légion d'honneur par le ministre des Affaires culturelles, Jacques Duhamel. Il reçoit même un Oscar d'honneur à Hollywood qui récompense « sa contribution inestimable au développement du cinéma comme art majeur de ce siècle ». Il ne lui est accordé pour recevoir cette distinction qu'un visa de quinze jours, ce qui fait dire à Chaplin : « C'est bien, ils ont encore peur de moi[1] ! » Lorsqu'il débarque à l'aéroport de New York, le 2 avril 1972, il est accueilli par des centaines de journalistes. En son honneur, l'amie d'enfance d'Oona, Gloria Vanderbilt, a organisé une réception prestigieuse dans sa demeure. Le lendemain soir, Chaplin assiste à une soirée de gala au profit de la Lincoln Center Film Society. Il reçoit de la foule des spectateurs une ovation unanime qui le pousse à déclarer, sous le coup de l'émotion :

> Ceci est ma renaissance. Je suis né une seconde fois. C'est facile pour vous, mais pour moi c'est très difficile de parler ce

soir, je suis trop ému. Cependant, je suis très heureux d'être parmi de si nombreux amis. Merci[2].

Après avoir reçu des mains du maire de New York la médaille Handel, la plus haute récompense culturelle de la ville, le couple Chaplin s'envole pour Hollywood. Lorsqu'il traverse la ville, Chaplin ne reconnaît plus rien. Son vieux studio a été déclaré monument national, comporte un musée et une réception l'y attend. Mais Chaplin n'a pas le courage de s'y rendre et préfère, dans l'anonymat, le dimanche, longer le studio et regarder, par-delà les grilles d'entrée fermées, les bâtiments où viennent se mêler de trop nombreux souvenirs. Lors de son séjour, il revoit Georgia Hale, dont le visage lui paraît inchangé et Jackie Coogan, qui est alors âgé de cinquante-sept ans. Celui-ci est devenu un homme mûr, gros et chauve, en qui personne ne reconnaît le Kid. Il doit user d'habileté pour contourner le service d'ordre qui l'empêche de rejoindre la table de Chaplin. Pourtant, dès le premier échange de regard, les deux hommes tombent dans les bras l'un de l'autre. « Quel plaisir de te voir... mon petit bonhomme[3] ! » s'exclame Chaplin.

Lors de la cérémonie de remise des Oscars, le 10 avril, la longue acclamation du public a pour Chaplin valeur de revanche définitive. En remerciement, il improvise sur scène un petit numéro en faisant sauter un chapeau melon au-dessus de sa tête. En Amérique aussi, il est désormais reconnu comme l'un des grands acteurs et cinéastes du

XXᵉ siècle. De même, le 3 septembre 1972, il reçoit un Lion d'or spécial à la Mostra de Venise, tandis que la foule se presse sur la place Saint-Marc pour assister à une projection des *Lumières de la ville*. Enfin, le 4 mars 1975, il est anobli et fait *Knight Commander* de l'Empire britannique à l'âge de quatre-vingt-cinq ans. La cérémonie a lieu à Buckingham Palace. À l'entrée de Chaplin dans la salle où l'attend la reine pour le décorer, l'orchestre à cordes des gardes gallois joue la musique de *La Comtesse de Hong Kong*. Chaplin a présumé de ses forces. Il ne peut franchir seul les dix mètres qui le séparent de la reine et un huissier doit le pousser sur une chaise roulante. Chaplin est désormais au faîte des honneurs et l'enfant vagabond qui arpentait les faubourgs de Londres est bien loin. Mais s'il ne danse plus sa vie dans des pantomimes inspirées et créatives, il est désormais assis sur la gloire. Il est une figure hiératique sculptée dans la mémoire du siècle. En hommage à ce mythe vivant qu'il est devenu, le 30 mars 1977, est projeté à Paris un film de quatre-vingt-dix minutes, *Charlot, le gentleman vagabond*, composé de dix-sept extraits de ses plus grandes œuvres, agrémentés de reportages sur sa vie privée et les coulisses de son travail.

Lors des dernières années à Vevey, Chaplin passe son temps à regarder parfois l'un de ses vieux films. Il lit et relit le roman de Dickens, *Oliver Twist*, regarde la télévision, ce qui est chose nouvelle car, pendant longtemps, le Manoir en a été dépourvu. Une petite voiture électrique a été achetée qui lui permet de faire le tour du parc.

Le 15 octobre 1977, Chaplin sort pour la dernière fois du Manoir : comme chaque année, il souhaite assister au spectacle du cirque Knie de passage à Vevey. C'est un hommage qu'il rend depuis plusieurs années à la famille du cirque, qui a nourri son art. Il est lui-même, en son for intérieur, un clown qui exprime la vérité du monde à travers les rires qu'il suscite. Il est Calvero mais un Calvero que ne travaillent plus les doutes sur sa capacité à réussir. Les clowns du cirque Knie viennent lui serrer longuement la main après le spectacle et lui rendre eux-mêmes témoignage du fait qu'il est le meilleur et le plus grand d'entre eux. Les Knie sont d'ailleurs régulièrement invités au Manoir de Ban. Comme le remarque Rolk Knie Jr, Chaplin « s'attacha réellement au chapiteau Knie et à notre dynastie helvétique. Il s'y sentait à l'aise parce qu'on était dans le même chemin que lui dans le cinéma à ses débuts. Il aimait le contact direct avec des artistes exigeants et talentueux. Pour nous, c'était même le meilleur spectateur : il riait comme un fou ![4] ».

Chaplin, dont une partie du corps est désormais paralysée à la suite d'une attaque, ne quitte plus guère son manoir de Vevey. Depuis 1976, il ne marche plus et partage son temps entre son lit et le fauteuil roulant. Il mange de plus en plus, avec de plus en plus de difficulté. Oona, tout en se faisant aider par une infirmière, s'occupe de son mari au quotidien, le promenant souvent en fauteuil. Si le corps ne suit plus, si la danse des pantomimes appartient pour toujours au registre de la mémoire, Chaplin tient à conserver l'exigence d'une dignité de lui-même : vissé dans son fauteuil, il demeure toujours vêtu d'un complet de soirée, porte cravate et foulard. La plupart du temps, il demeure immobile, les yeux mi-clos, prenant parfois la main de Oona comme pour lui signifier, une nouvelle fois, la force du lien qui les unit. Un chat birman, Othello, dort à ses pieds, épousant le rythme de sa somnolence.

Le 25 décembre 1977, vers quatre heures du matin, Chaplin meurt dans son sommeil, au milieu de sa famille réunie pour fêter la Noël, à l'exception de Geraldine qui tourne en Espagne. La nouvelle de la mort de Chaplin fait les grands titres des journaux du monde entier. Pour beaucoup, un ami est mort qui, par ses films, les a accompagnés tout au long du XXe siècle.

La cérémonie d'enterrement, strictement familiale selon les vœux de Chaplin, a lieu le 27 décembre 1977, un jour de pluie, à l'église anglicane de Vevey. La mort du grand artiste est source d'un événement imprévu que n'aurait pas désavoué Chaplin, soucieux de scénarios burlesques qui caricaturent la mort. Le 2 mars 1978, une nouvelle stupéfie le monde entier : la tombe de Chaplin au cimetière de Corsier-sur-Vevey a été violée et sa dépouille a été volée. Les suppositions sur les auteurs du vol se multiplient : est-ce le fait de groupes néonazis qui n'ont toujours pas digéré les caricatures de Hitler dans *Le Dictateur* ? Est-ce le fait de collectionneurs compulsifs désireux de récupérer des restes de leur idole ?

Lorsque, quelques jours plus tard, une rançon de 600 000 francs suisses est demandée à la famille pour récupérer la dépouille, on comprend qu'il s'agit d'un enlèvement posthume. En fait, les deux coupables sont deux personnages qui auraient pu figurer dans les premiers films de Charlot : un mécanicien polonais de vingt-quatre ans, Roman Wardas, et un mécanicien d'origine bulgare de trente-huit ans, Gantcho Ganev. Les deux hommes, avec l'argent de la rançon, auraient souhaité monter un garage mais leur tentative échoue car Oona refuse de négocier. Elle est fidèle en cela à Chaplin qui, fortement marqué par le rapt de l'enfant de Lindbergh, ne transigeait pas avec les tentatives de kidnapping. « Mon mari est au paradis et dans mon cœur et non dans une tombe[5] », répète-t-elle.

Geraldine, venue à l'enterrement de son père, est devenue l'interlocutrice des deux kidnappeurs qui perdent bientôt leur sang-froid, menacent de s'en prendre aux plus jeunes enfants, mais se font prendre finalement car la police surveille les cabines téléphoniques de Lausanne d'où ils passent leurs appels. Le cercueil est retrouvé enfoui dans un champ de maïs rempli d'eau près du village de Noville, à une vingtaine de kilomètres de Vevey, à l'extrémité est du lac de Genève. Oona est frappée par la sérénité de l'endroit, propre à toutes les sépultures. Plusieurs fois, elle se rendra à Noville à la recherche des traces de l'ultime vagabondage de son mari. Le propriétaire du terrain érigera une croix ornée d'une canne en souvenir.

Le 11 décembre 1978, les deux kidnappeurs comparaissent devant le tribunal correctionnel de Vevey. Roman Wardas est condamné à quatre ans et demi de prison, Gantcho Ganev, quant à lui, écope d'une peine de dix-huit mois de prison avec sursis.

Dans la mort Charlie Chaplin a joué son dernier rôle de vagabond, il est devenu un mythe cinématographique qui domine le XXe siècle. L'écrivain Jacques Chessex, dans le journal *Vingt-quatre heures*, écrit justement : « Sans aucun cynisme, sans méchanceté, je voudrais dire que j'envie et que j'admire le sort posthume de M. Chaplin. Il y a un rituel moral dans l'abominable périple que les voyous lui ont fait subir. Il y a une fable dans cette horreur. [...]. Ce n'est pas le roi, le dictateur ou le vieux génie de *Limelight* que vous avez déterré ou baladé, ce n'est pas le patriarche ou le châtelain de Vevey. Rappelez-vous les lacets-spaghettis de *La Ruée* ou le pauvre bougre du *Kid*, la route triste, les désillusions, les coups. Savez-vous qui vous avez excavé et replanté dans le scandale ? Ce n'est pas grave. Rassurez-vous. C'est l'émigrant. Charlot. Le vrai. Il en a vu d'autres[6]. »

Chaplin est mort mais Charlot est éternel.

ANNEXES

REPÈRES CHRONOLOGIQUES

1889. *16 avril* : naissance à Londres de Charles Chaplin.
1892. Naissance de Wheeler Dryden, le demi-frère de Charles Chaplin.
1894. Première apparition sur la scène du Canteen, à Aldershot, de Chaplin : il prend la place de sa mère Hannah qui a eu une défaillance de la voix.
1898-1900. Charles Chaplin, engagé par Mr Jackson, fait partie de la troupe des Huit Gars du Lancashire.
1901. *9 mai* : mort de Charles Chaplin, le père, à l'âge de trente-sept ans. Petits boulots exercés par Chaplin : fleuriste, assistant barbier, garçon de courses...
1903. *27 juillet* : première de la pièce *Sherlock Holmes* dans laquelle Chaplin joue un petit rôle (Billy).
1906. *mai* : Chaplin est engagé dans la troupe du Casey's Court Circus.
1908. Chaplin est engagé dans la troupe Karno. Rencontre de Hetty Kelly.
1910. En tournée aux États-Unis avec la troupe Karno.
1912. *Juin* : Chaplin revient en Angleterre.
Octobre : nouvelle tournée aux États-Unis.
1913. *16 décembre* : Chaplin signe un contrat avec la Keystone.
1914. *Janvier* : débuts à la Keystone.
14 novembre : Chaplin signe un contrat à la Essanay pour réaliser quatorze films en 1915.
1915. *Février* : Chaplin tourne son premier film dans les studios de la Essanay. Les premiers films de Chaplin sortent dans

les salles françaises. Les distributeurs français baptisent le personnage du nom familier de « Charlot ».

1916. *26 février* : Chaplin signe un contrat avec la Mutual Film Corporation.

1917. *17 juin* : Chaplin signe un contrat avec la First National.
Automne : construction des nouveaux studios à La Brea, à Los Angeles.

1918. *Janvier* : Chaplin s'installe dans ses nouveaux studios.
23 octobre : mariage avec Mildred Harris.

1919. *5 février* : les statuts de United Artists sont signés.
11 juillet : mort de Norman Spencer Chaplin, le fils de Charles Chaplin et de Mildred Harris.
30 juillet : début du tournage du *Kid*.

1920. *Avril* : Mildred Harris demande le divorce.
9 juin : Lita Grey tourne dans *The Kid*.
13 avril : le divorce est accordé à Mildred Harris.

1921. *Mars* : Hannah Chaplin rejoint son fils aux États-Unis.
3 septembre : Chaplin prend le bateau pour Londres.

1922-1923. Tournage de *L'Opinion publique*.

1923. Fiançailles de Chaplin avec l'actrice Pola Negri.
25 juin : rupture des fiançailles.
1ᵉʳ octobre : première de *L'Opinion publique*.

1924. Tournage de *La Ruée vers l'or*.
26 novembre : mariage de Chaplin et de Lita Grey.

1925. *5 mai* : naissance de Charles Spencer Chaplin Jr.
16 août : première mondiale de *La Ruée vers l'or* à New York.

1926. Tournage du *Cirque*.
30 mars : naissance de Sydney Earle Chaplin.

1927. *22 août* : le divorce est accordé à Lita Grey.

1928. Première mondiale du *Cirque* à New York.
28 août : mort de Hannah Chaplin.

1929-1930. tournage des *Lumières de la ville*.

1931. *30 janvier* : première mondiale des *Lumières de la ville* à Los Angeles.
31 janvier : Chaplin part dans un voyage autour du monde.
22 septembre : Chaplin rencontre Gandhi à Londres.
Séjour à Saint-Moritz avec May Reeves.

1932. *12 mars* : Charlie et Sydney Chaplin partent pour l'Extrême-Orient.

10 juin : Chaplin revient à Los Angeles.
Juillet : il fait la rencontre de Paulette Goddard.
1933. *Mars* : achat du Yacht le *Panacea*.
23 octobre : Chaplin fait un discours sur CBS en faveur du National Recovery Act.
1934-1935. Tournage des *Temps modernes*.
1936. *5 février* : sortie des *Temps modernes* à New York.
17 février : Chaplin embarque pour Honolulu avec Paulette Goddard.
26 février : arrivée à Honolulu.
7-22 mars : voyage à Yokohama, Kobe, Shanghai, Hong Kong, Manille, Saigon, l'Indochine.
1939. Tournage du film *Le Dictateur*.
1940. *15 octobre* : première mondiale du *Dictateur* à New York.
1941. *Juin* : Joan Barry signe un contrat avec les studios Chaplin.
1942. *18 mai* : Chaplin prononce à San Francisco un discours pour l'aide de guerre à l'URSS.
22 juillet : nouveau discours en faveur d'un second front.
30 octobre : Chaplin rencontre Oona O'Neill.
23 décembre : Joan Barry s'introduit dans la maison de Chaplin, armée d'un pistolet.
1943. *4 juin* : Joan Barry accuse Chaplin d'être le père de son enfant.
16 juin : mariage de Oona et de Chaplin.
14 septembre : Chaplin fait une déposition dans l'affaire Barry.
2 octobre : Joan Barry accouche d'une fille, Carol Ann.
1944. *10 février* : Chaplin est poursuivi pour violation du Mann Act.
14 février : Charlie Chaplin est devant le tribunal.
15 février : une analyse de sang prouve qu'il n'est pas le père de l'enfant.
4 avril : Chaplin est déclaré non coupable du Mann Act.
1er août : naissance de Geraldine Leigh Chaplin.
13 décembre : ouverture du procès Barry en paternité.
1945. *17 avril* : verdict en faveur de Joan Barry.
16 juin : Charlie Chaplin passe devant le tribunal pour la pension de Joan Barry.
1946. *7 mars* : naissance de Michael John Chaplin.
Mai-septembre : tournage de *Monsieur Verdoux*.
1947. Première mondiale de *Monsieur Verdoux* à New York, le 11 avril.

12 avril : conférence de presse mouvementée.

20 juillet : Chaplin accepte de témoigner devant la Commission des activités antiaméricaines.

1949. *28 mars* : naissance de Joséphine Hannah Chaplin.

1951. *19 mai* : naissance de Victoria Chaplin.

1951-1952. Tournage des *Feux de la rampe*.

1952. *17 septembre* : la famille Chaplin embarque à New York à bord du *Queen Elizabeth* à destination de Londres.

19 septembre : lors de la traversée, Chaplin apprend que son visa de retour pour les États-Unis est abrogé.

23 octobre : première mondiale des *Feux de la rampe* à Londres.

17-22 novembre : Oona part à Los Angeles pour liquider les affaires et biens de Chaplin.

1953. *Le 5 janvier* : la famille Chaplin s'installe au Manoir de Ban, à Corsier-sur-Vevey en Suisse.

10 avril : Chaplin renonce à son visa de retour.

23 août : naissance d'Eugène Anthony Chaplin.

18 septembre : vente des studios Chaplin.

1954. *10 février* : Oona renonce à la nationalité américaine.

1956. Tournage d'*Un roi à New York*.

1957. *23 mai* : naissance de Jane Cecil Chaplin.

12 septembre : première d'*Un roi à New York* à Londres.

1958. *13 janvier* : mort d'Edna Purviance.

1959. *24 septembre* : sort *La Revue Chaplin* (*The Chaplin Review*).

3 décembre : naissance d'Annette Emily Chaplin.

1962. *8 juillet* : naissance de Christopher James Chaplin.

27 juin : Chaplin est nommé docteur *honoris causa* de l'université d'Oxford.

6 juillet : Chaplin est nommé docteur *honoris causa* de l'université Durham.

1964. *Septembre* : parution de l'autobiographie de Chaplin, *Histoire de ma vie*.

1965. *16 avril* : mort de Sydney Chaplin.

1966. Tournage de *La Comtesse de Hong Kong*.

1967. *2 janvier* : sortie de *La Comtesse de Hong Kong*.

1968. *20 mars* : mort de Charles Chaplin junior.

1972. Chaplin reçoit un oscar spécial à Hollywood le 16 avril.

1974. Parution de *My life in pictures*.

1975. Chaplin est anobli par la reine Elizabeth II.

1977. *25 décembre* : Chaplin meurt durant son sommeil au Manoir de Ban.
27 décembre : funérailles de Chaplin.
1978. *1er mars* : disparition de la dépouille de Chaplin et demande de rançon.
17 mars : le corps est retrouvé.

RÉFÉRENCES BIBLIOGRAPHIQUES

ŒUVRES DE CHAPLIN

Mes voyages, Paris, Kra éditeur, 1928.
A Comedian Sees the World, New York, Crowell, 1933.
Histoire de ma vie, Paris, Laffont, 1964.
My life in pictures, Londres, Peerage, 1985.

TÉMOIGNAGES SUR CHAPLIN

Charles Junior CHAPLIN, *Charlie Chaplin, mon père*, Gallimard, Paris, 1961.
Eugène CHAPLIN, *Le Manoir de mon père*, Paris, Ramsay, 2007.
Jane CHAPLIN, *17 minutes avec mon père*, Paris, Florent Massot, 2008.
Michael CHAPLIN, *I Couldn't Smoke the Grass on my Father's Lawn*, Londres, Leslie Frewin, 1966.
Lita GREY CHAPLIN, *My Life with Chaplin, an Intimate Memoir*, New York, Grove Press, 1966.
—, *Wife of the Life of the Party*, Lanham, Scarecrow Press, 1998.
Jerry EPSTEIN, *Charlie Chaplin, portrait inédit d'un poète vagabond*, Rome, Gremese International, 1994.
Georgia HALE, *Charlie Chaplin : Intimate Close-Ups*, Scarecrow Press, 1995.
May REEVES, *Charlie Chaplin intime*, Paris, Gallimard, 1935.
Carlyle T. ROBINSON, *La Vérité sur Charlie Chaplin, sa vie, ses amours, ses déboires, par son secrétaire*, Paris, Société parisienne d'édition, 1933.

OUVRAGES GÉNÉRAUX

Roland Barthes, *Mythologies*, « Le pauvre et le prolétaire », Paris, « Points Seuil », 1970.
André Bazin, *Charlie Chaplin*, Paris, Cahiers du cinéma, 2000.
Francis Bordat, *Chaplin cinéaste*, Paris, Cerf, 1998.
Michel Faucheux, *Auguste et Louis Lumière*, Paris, « Gallimard biographies », 2011.
Emilio Gentile, *L'Apocalypse de la modernité*, Paris, Aubier, 2011.
Jérôme Larcher, *Charlie Chaplin*, Cahiers du cinéma, Paris, 2007.
Joël Magny, *Chaplin aujourd'hui*, Cahiers du cinéma, Paris, 2003.
Charles Mauron, *Des métaphores obsédantes au mythe personnel*, Paris, Corti, 1963.
Nadia Meflah, *Chaplin et les femmes*, Paris, Philippe Rey, 2007.
Bertrand Meyer-Stabley, *Oona Chaplin*, Paris, Pygmalion, 2010.
David Robinson, *Chaplin*, Ramsay, 2002.
Georges Sadoul, *Charlie Chaplin*, Paris, Ramsay, 1996, édition revue en 1999.

ARTICLES

Cécile Giraud, « Chaplin ou la transformation hallucinatoire », in Charles Chaplin, 1er site pédagogique français dédié à Charles Chaplin : http://www.charles-chaplin.net/articles.php
Nadia Meflah, « Pellicule vocale », Charles Chaplin, 1er site pédagogique français dédié à Charles Chaplin :
http://www.charles-chaplin.net/articles.php

SITES INTERNET

Association Chaplin (58, rue Jean-Jacques-Rousseau, 75001, Paris, France) :
http://www.charliechaplin.com
Espace musée Charles Chaplin :
http://www.chaplinmuseum.com/fr (site du musée qui ouvrira au Manoir de Ban en 2013).

FILMOGRAPHIE

1914 : FILMS KEYSTONE

Pour gagner sa vie ; Charlot est content de lui ; L'Étrange Aventure de Mabel ; Charlot et le Parapluie ; Charlot fait du cinéma ; Charlot danseur ; Charlot est trop galant ; Charlot fou d'amour ; Charlot aime la patronne ; Mabel au volant ; Charlot et le Chronomètre ; Charlot garçon de café ; Un béguin de Charlot ; Madame Charlot ; Le Maillet de Charlot ; Le Flirt de Mabel ; Charlot et Fatty sur le ring ; Charlot et les Saucisses ; Charlot et le Mannequin ; Charlot dentiste ; Charlot garçon de théâtre ; Charlot fou ; Fièvre printanière ; Charlot grande coquette ; Charlot garde-malade ; Charlot et Fatty en bombe ; Charlot concierge ; Charlot rival d'amour ; Charlot mitron ; Charlot et Mabel aux courses ; Charlot déménageur ; Le roman comique de Charlot et de Lolotte ; Charlot et Mabel en promenade ; Charlot nudiste.

1915-1916 : FILMS ESSANAY

Charlot débute ; Charlot fait la noce ; Charlot boxeur ; Charlot dans le parc ; Charlot veut se marier ; Charlot vagabond ; Charlot à la plage ; Charlot apprenti ; Mam'zelle Charlot ; Charlot à la banque ; Charlot marin ; Charlot au music-hall ; Charlot joue Carmen ; Charlot cambrioleur.

1916-1917 : FILMS MUTUAL

1916. *Charlot chef de rayon* ; *Charlot pompier* ; *Charlot musicien* ; *Charlot rentre tard* ; *Charlot et le Comte* ; *L'Usurier* ; *Charlot fait du cinéma* ; *Charlot patine*.
1917. *Charlot policeman* ; *Charlot fait une cure* ; *L'Émigrant* ; *Charlot s'évade*.

1918-1923 : FILM FIRST NATIONAL

1918. *Une vie de chien* ; *Charlot soldat* ; *The bond*.
1919. *Idylle aux champs* ; *Une journée de plaisir*.
1921. *The Kid* ; *Charlot et le Masque de fer*.
1922. *Jour de paye*.
1923. *Le Pèlerin*.

1923-1952 : LES FILMS UNITED ARTISTS

1923. *L'Opinion publique*.
1925. *La Ruée vers l'or*.
1928. *Le Cirque*.
1931. *Les Lumières de la ville*.
1936. *Les Temps modernes*.
1940. *Le Dictateur*.
1947. *Monsieur Verdoux*.
1952. *Les Feux de la rampe*.

1957-1967 : LES PRODUCTIONS BRITANNIQUES

1957. *Un roi à New York*.
1967. *La Comtesse de Hong Kong*.

NOTES

NAISSANCE D'UNE VOCATION

1. Charles Chaplin, *Histoire de ma vie*, Paris, Laffont, 1964, p. 18.
2. *Ibid.*, p. 19.
3. *Ibid.*
4. Carl Gustav Jung, *Le Fripon divin : un mythe indien*, ouvrage collectif avec Radin et Kerényi, éditions Librairie de l'Université, Georg et Cie, 1958.
5. Cité in Emilio Gentile, *L'Apocalypse de la modernité*, Paris, Aubier, 2011, p. 179-180.
6. Sur ce point, voir George Steiner, *Langage et silence*, Paris, Seuil, 1969.
7. David Robinson, *Chaplin*, Ramsay, 2002, p. 54.
8. Charles Mauron, *Des métaphores obsédantes au mythe personnel*, Paris, Corti, 1963.

UNE ENFANCE DE MISÈRE

1. Cité in David Robinson, *Chaplin*, *op. cit.*, p. 21.
2. Charles Chaplin, *Histoire de ma vie*, *op. cit.*, p. 14.
3. *Ibid.*
4. David Robinson, *Chaplin*, *op. cit.*, p. 27.
5. Charles Chaplin, *Histoire de ma vie*, *op. cit.*, p. 25.
6. *Ibid.*, p. 30.
7. David Robinson, *Chaplin*, *op. cit.*, p. 29-30.
8. Charles Chaplin, *Histoire de ma vie*, *op. cit.*, p. 40-41.

PREMIERS PAS SUR LES PLANCHES

1. Charles Chaplin, *Histoire de ma vie, op. cit.*, p. 44.
2. Georges Sadoul, *Charlie Chaplin*, Paris, Ramsay, p. 16.
3. Charles Chaplin, *Histoire de ma vie, op. cit.*, p. 61.
4. *Ibid*.

LA TROUPE KARNO

1. Charles Chaplin, *Histoire de ma vie, op. cit.*, p. 77.
2. *Ibid.*, p. 78.
3. Cité in David Robinson, *Chaplin, op. cit.*, p. 43-44.
4. *Ibid.*, p. 45.
5. *Ibid.*, p. 51.
6. Georges Sadoul, *Charlie Chaplin, op. cit.*, p. 21.
7. Charles Chaplin, *Histoire de ma vie, op. cit.*, p. 102.
8. Georges Sadoul, *Charles Chaplin, op. cit.*, p. 29.
9. Cité in David Robinson, *Chaplin, op. cit.*, p. 67.
10. Charles Chaplin, *Histoire de ma vie, op. cit.*, p. 123.
11. Cité in David Robinson, *Chaplin, op. cit.*, p. 68.
12. Charles Chaplin, *Histoire de ma vie, op. cit.*, p. 131.
13. *Ibid*.

NAISSANCE DE CHARLOT

1. Charles Chaplin, *Histoire de ma vie, op. cit.*, p. 141.
2. *Ibid.*, p. 141.
3. *Ibid*.
4. *Ibid.*, p. 145.
5. *Ibid.*, p. 147.
6. David Robinson, *Chaplin, op. cit.*, p. 78.
7. Charles Chaplin, *Histoire de ma vie, op. cit.*, p. 148.
8. Georges Sadoul, *Charles Chaplin, op. cit.*, p. 35.
9. Charles Chaplin, *Histoire de ma vie, op. cit.*, p. 147-148.
10. David Robinson, *Chaplin, op. cit.*, p. 96.

LES ANNÉES ESSANAY ET MUTUAL

1. Charles Chaplin, *Histoire de ma vie, op. cit.*, p. 169.
2. *Ibid.*, p. 154.
3. Nadia Meflah, *Chaplin et les femmes*, Philippe Rey, 2007, p. 50.
4. David Robinson, *Chaplin, op. cit.*, p. 106.
5. *Ibid.*, p. 114.
6. *Ibid.*, p. 116.
7. André Bazin, *Charlie Chaplin*, Paris, Petite bibliothèque des Cahiers du cinéma, 2000, p. 1617.
8. Charles Chaplin, *Histoire de ma vie, op. cit.*, p. 196.
9. David Robinson, *Chaplin, op. cit.*, p. 132.
10. *Ibid.*, p. 133.
11. Charles Chaplin, *Histoire de ma vie, op. cit.*, p. 203.
12. Georges Sadoul, *Charles Chaplin, op. cit.*, p. 54.

VERTU D'ENFANCE

1. Charles Chaplin, *Histoire de ma vie, op. cit.*, p. 212.
2. David Robinson, *Chaplin, op. cit.*, p. 157.
3. Cité par Georges Sadoul, *Charlie Chaplin, op. cit.*, p. 60.
4. *Ibid.*, p. 62.
5. David Robinson, *Chaplin, op. cit.*, p. 166.
6. *Ibid.*, p. 168.
7. *Ibid.*, p. 169.
8. Charles Chaplin, *Histoire de ma vie, op. cit.*, p. 237.
9. *Ibid.*, p. 236.
10. *Ibid.*, p. 236.

LE VOYAGE EN EUROPE

1. Charles Chaplin, *Histoire de ma vie, op. cit.*, p. 262.
2. *Ibid.*

3. David Robinson, *Chaplin, op. cit.*, p. 183.
4. Charlie Chaplin, *Mes voyages*, Paris, Kra éditeur, sans date.
5. *Ibid.*, p. 8.
6. Charles Chaplin, *Histoire de ma vie, op. cit.*, p. 264.
7. Charlie Chaplin, *Mes voyages, op. cit.*, p. 88-89.
8. Charles Chaplin, *Histoire de ma vie, op. cit.*, p. 270.
9. Charlie Chaplin, *Mes voyages, op. cit.*, p. 200-201.
10. Charles Chaplin, *Histoire de ma vie, op. cit.*, p. 282.
11. Charlie Chaplin, *Mes voyages, op. cit.*, p. 226.
12. *Ibid.*, p. 228.
13. Charles Chaplin, *Histoire de ma vie, op. cit.*, p. 288.

L'OPINION PUBLIQUE

1. May Reeves, *Charlie Chaplin intime*, Paris, Gallimard, 1935, p. 111.
2. Charles Chaplin, *Histoire de ma vie, op. cit.*, p. 297.
3. *Ibid.*, p. 298.
4. *Ibid.*, p. 298-299.
5. David Robinson, *Chaplin, op. cit.*, p. 209.
6. *Ibid.*, p. 211.
7. Nadia Meflah, *Chaplin et les femmes, op. cit.*, p. 58.
8. David Robinson, *Chaplin, op. cit.*, p. 215.
9. *Ibid.*, p. 215.
10. *Ibid.*, p. 216

LE COMIQUE RETROUVÉ

1. Charles Chaplin, *Histoire de ma vie, op. cit.*, p. 303.
2. *Ibid.*, p. 303.
3. David Robinson, *Chaplin, op. cit.*, p. 227.
4. Charles Chaplin, *Histoire de ma vie, op. cit.*, p. 307.
5. Lita Grey et Jeffrey Vance, *Wife of the Life of the Party*, cité in Nadia Meflah, *Chaplin et les femmes, op. cit.*, p. 78.
6. André Bazin, *Charlie Chaplin, op. cit.*, p. 59.
7. David Robinson, *Chaplin, op. cit*, p. 237.

LES LUMIÈRES DE LA VILLE

1. Nadia Meflah, *Chaplin et les femmes, op. cit.*, p. 88.
2. Charles Chaplin, *Histoire de ma vie, op. cit.*, p. 324.
3. Georges Sadoul, *Charlie Chaplin, op. cit.*, p. 98.
4. *Ibid.*, p. 98.
5. Charles Chaplin, *Histoire de ma vie, op. cit.*, p. 324.
6. *Ibid.*, p. 319.
7. *Ibid.*, p. 362.
8. Nadia Meflah, *Chaplin et les femmes, op. cit.*, p. 91.

INTERMÈDE

1. David Robinson, *Chaplin, op. cit.*, p. 265.
2. Charles Chaplin, *Histoire de ma vie, op. cit.*, p. 339.
3. David Robinson, *Chaplin, op. cit.*, p. 275.
4. May Reeves, *Charlie Chaplin intime*, Paris, Gallimard, 1935, p. 119.
5. Charles Chaplin, *Histoire de ma vie, op. cit.*, p. 372.

LES TEMPS MODERNES

1. Charles Chaplin, *Histoire de ma vie, op. cit.*, p. 376.
2. David Robinson, *Chaplin, op. cit.*, p. 288.
3. *Ibid.*, p. 291.
4. Charles Chaplin, *Histoire de ma vie, op. cit.*, p. 379.
5. David Robinson, *Chaplin, op. cit.*, p. 291.
6. Cécile Giraud, « Chaplin ou la transformation hallucinatoire », in Charles Chaplin, 1er site pédagogique français dédié à Charles Chaplin, http://www.charles-chaplin.net/articles.php
7. Charles Chaplin, *Histoire de ma vie, op. cit.*, p. 379.
8. Roland Barthes, *Mythologies*, « Le pauvre et le prolétaire », Paris, « Points Seuil », 1970, p. 40-41.
9. David Robinson, *Chaplin, op. cit.*, p. 297.

10. Joël Magny, « Les temps modernes » in *Chaplin aujourd'hui*, Cahiers du cinéma, 2003, p. 241.
11. Jérôme Larcher, *Charlie Chaplin*, Cahiers du cinéma, 2007, p. 62.
12. Georges Sadoul, *Charlie Chaplin*, op. cit., p. 125.
13. Nadia Meflah, *Chaplin et les femmes*, op. cit., p. 121.
14. Charles Chaplin, *Histoire de ma vie*, op. cit., p. 388.

CHAPLIN CONTRE HITLER

1. David Robinson, *Chaplin*, op. cit., p. 307.
2. Charles Chaplin, *Histoire de ma vie*, op. cit., p. 387.
3. *Ibid.*, p. 389.
4. David Robinson, *Chaplin*, op. cit., p. 310.
5. *Ibid.*, p. 312.
6. Charles Chaplin, *Histoire de ma vie*, op. cit., p. 396.
7. *Ibid.*, p. 396.
8. Nadia Meflah, *Chaplin et les femmes*, op. cit., p. 132.
9. Jérôme Larcher, *Charlie Chaplin*, Cahiers du cinéma, Paris, 2007, p. 70.

L'ÉTRANGE *MONSIEUR VERDOUX*

1. David Robinson, *Chaplin*, op. cit., p. 328.
2. Bertrand Meyer-Stabley, *Oona Chaplin*, Paris, Pygmalion, 2010, p. 71.
3. *Ibid.*
4. *Ibid.*, p. 80.
5. *Ibid.*, p. 81.
6. Charles Chaplin, *Histoire de ma vie*, op. cit., p. 424.
7. *Ibid.*, p. 430.
8. David Robinson, *Chaplin*, op. cit., p. 340.
9. Nadia Meflah, *Chaplin et les femmes*, op. cit., p. 144.
10. André Bazin, *Charlie Chaplin*, op. cit., p. 71.
11. Nadia Meflah, « Pellicule vocale », Charles Chaplin, 1er site pédagogique consacré à Charles Chaplin, http://www.charles-chaplin.net/articles.php

12. David Robinson, *Chaplin*, *op. cit.*, p. 345.
13. Georges Sadoul, *Charlie Chaplin*, *op. cit.*, p. 140.
14. Charles Chaplin, *Histoire de ma vie*, *op. cit.*, p. 446.

LE CLOWN MIS À NU

1. David Robinson, *Chaplin*, p. 348.
2. Georges Sadoul, *Charlie Chaplin*, *op. cit.*, p. 149.
3. André Bazin, *Charlie Chaplin*, *op. cit.*, p. 97.
4. Georges Sadoul, *Charles Chaplin*, *op. cit.*, p. 167.
5. David Robinson, *Chaplin*, *op. cit.*, p. 358.

RETOUR EN EUROPE

1. David Robinson, *Chaplin*, *op. cit.*, p. 363.
2. *Ibid.*
3. Bertrand Meyer-Stabley, *Oona Chaplin*, *op. cit.*, p. 133.
4. *Ibid.*, p. 135.
5. Charles Chaplin, *Histoire de ma vie*, *op. cit.*, p. 466.
6. David Robinson, *Chaplin*, *op. cit.*, p. 366.
7. Charles Chaplin, *Histoire de ma vie*, *op. cit.*, p. 475.
8. *Ibid.*, p. 472.
9. Bertrand Meyer-Stabley, *Oona Chaplin*, *op. cit.*, p. 175.
10. Charles Chaplin, *Histoire de ma vie*, *op. cit.*, p. 460-461.
11. David Robinson, *Chaplin*, *op. cit.*, p. 372.
12. *Ibid.*, p. 379.
13. Bertrand Meyer-Stabley, *Oona Chaplin*, *op. cit.*, p. 181.
14. David Robinson, *Chaplin*, *op. cit.*, p. 380.
15. *Ibid.*, p. 382.
16. *Ibid.*
17. Jane Chaplin, *17 minutes avec mon père*, Paris, Florent Massot, 2008.
18. David Robinson, *Chaplin*, *op. cit.*, p. 384.
19. Bertrand Meyer-Stabley, *Oona Chaplin*, *op. cit.*, p. 210.

LA COMTESSE DE HONG KONG

1. Georges Sadoul, *Charlie Chaplin, op. cit.*, p. 200.
2. Bertrand Meyer-Stabley, *Oona Chaplin, op. cit.*, p. 217.
3. *Ibid.*, p. 220.
4. Georges Sadoul, *Charlie Chaplin, op. cit.*, p. 199.
5. *Ibid.*, p. 203.
6. David Robinson, *Chaplin, op. cit.*, p. 393.
7. *Ibid.*, p. 395.
8. Éric Rohmer, « Sur la comtesse de Hong Kong », in André Bazin, *Charlie Chaplin, op. cit.*, p. 119.

DERNIÈRES ANNÉES

1. Bertrand Meyer-Stabley, *Oona Chaplin, op. cit.*, p. 291.
2. David Robinson, *Chaplin, op. cit.*, p. 400.
3. *Ibid.*, p. 402.
4. Bertrand Meyer-Stabley, *Oona Chaplin, op. cit.*, p. 256.
5. *Ibid.*, p. 301.
6. *Ibid.*, p. 303.

Naissance d'une vocation	9
Une enfance de misère	19
Premiers pas sur les planches	30
La troupe Karno	36
Naissance de Charlot	56
Les années Essanay et Mutual	73
Vertu d'enfance	93
Le voyage en Europe	109
L'Opinion publique	120
Le comique retrouvé	133
Les Lumières de la ville	149
Intermède	161
Les Temps modernes	170
Chaplin contre Hitler	188
L'étrange *Monsieur Verdoux*	202
Le clown mis à nu	222
Retour en Europe	232
La Comtesse de Hong Kong	256
Dernières années	265

ANNEXES

Repères chronologiques — 275
Références bibliographiques — 280
Filmographie — 282
Notes — 284

FOLIO BIOGRAPHIES

Alain-Fournier, par ARIANE CHARTON. Prix Roland de Jouvenel 2015.
Alexandre le Grand, par JOËL SCHMIDT
Mohamed Ali, par CLAUDE BOLI
Lou Andreas-Salomé, par DORIAN ASTOR
Attila, par ÉRIC DESCHODT. Prix « Coup de cœur en poche 2006 » décerné par *Le Point*.
Bach, par MARC LEBOUCHER
Joséphine Baker, par JACQUES PESSIS
Balzac, par FRANÇOIS TAILLANDIER
Baudelaire, par JEAN-BAPTISTE BARONIAN
Beaumarchais, par CHRISTIAN WASSELIN
Beethoven, par BERNARD FAUCONNIER
Sarah Bernhardt, par SOPHIE-AUDE PICON
Bouddha, par SOPHIE ROYER
Bougainville, par DOMINIQUE LE BRUN
James Brown, par STÉPHANE KOECHLIN
Buffalo Bill, par MICHEL FAUCHEUX
Lord Byron, par DANIEL SALVATORE SCHIFFER
Maria Callas, par RENÉ DE CECCATTY
Calvin, par JEAN-LUC MOUTON
Camus, par VIRGIL TANASE
Truman Capote, par LILIANE KERJAN
Le Caravage, par GÉRARD-JULIEN SALVY
Casanova, par MAXIME ROVERE
Céline, par YVES BUIN
Jules César, par JOËL SCHMIDT
Cézanne, par BERNARD FAUCONNIER. Prix de la biographie de la ville d'Hossegor 2007.
Chaplin, par MICHEL FAUCHEUX
Che Guevara, par ALAIN FOIX
Churchill, par SOPHIE DOUDET

Cléopâtre, par JOËL SCHMIDT
Albert Cohen, par FRANCK MÉDIONI
Colette, par MADELEINE LAZARD
Christophe Colomb, par MARIE-FRANCE SCHMIDT
Joseph Conrad, par MICHEL RENOUARD
Marie Curie, par JANINE TROTEREAU
Darwin, par JEAN-NOËL MOURET
Alexandra David-Néel, par JENNIFER LESIEUR
James Dean, par JEAN-PHILIPPE GUERAND
Debussy, par ARIANE CHARTON
Delacroix, par FRÉDÉRIC MARTINEZ
Charles Dickens, par JEAN-PIERRE OHL
Diderot, par RAYMOND TROUSSON
Marlene Dietrich, par JEAN PAVANS
Dostoïevski, par VIRGIL TANASE
Alexandre Dumas, par SYLVAIN LEDDA
Albert Einstein, par LAURENT SEKSIK
Fellini, par BENITO MERLINO
Flaubert, par BERNARD FAUCONNIER
Saint François d'Assise, par VIRGIL TANASE
Freud, par RENÉ MAJOR et CHANTAL TALAGRAND
Gandhi, par CHRISTINE JORDIS. Prix du livre d'histoire de la ville de Courbevoie 2008.
Federico García Lorca, par ALBERT BENSOUSSAN
De Gaulle, par ÉRIC ROUSSEL
Geronimo, par OLIVIER DELAVAULT
George Gershwin, par FRANCK MÉDIONI. Coup de cœur du Prix des Muses 2015.
Goethe, par JOËL SCHMIDT
Carlo Goldoni, par FRANCK MÉDIONI
Goya, par MARIE-FRANCE SCHMIDT
Jimi Hendrix, par FRANCK MÉDIONI
Billie Holiday, par SYLVIA FOL
Homère, par PIERRE JUDET DE LA COMBE

Victor Hugo, par SANDRINE FILLIPETTI
Ibsen, par JACQUES DE DECKER
Jésus, par CHRISTIANE RANCÉ
Janis Joplin, par JEAN-YVES REUZEAU
Kafka, par GÉRARD-GEORGES LEMAIRE
Gene Kelly, par ALAIN MASSON
Kennedy, par VINCENT MICHELOT
Kerouac, par YVES BUIN
Klimt, par SERGE SANCHEZ
Lafayette, par BERNARD VINCENT
Lapérouse, par ANNE PONS
Lawrence d'Arabie, par MICHEL RENOUARD
Abraham Lincoln, par LILIANE KERJAN
Franz Liszt, par FRÉDÉRIC MARTINEZ
Jack London, par BERNARD FAUCONNIER
Louis XIV, par ÉRIC DESCHODT
Louis XVI, par BERNARD VINCENT
Auguste et Louis Lumière, par MICHEL FAUCHEUX
Martin Luther King, par ALAIN FOIX
Machiavel, par HUBERT PROLONGEAU
Magritte, par MICHEL DRAGUET
Malraux, par SOPHIE DOUDET
Man Ray, par SERGE SANCHEZ
Bob Marley, par JEAN-PHILIPPE DE TONNAC
Maupassant, par FRÉDÉRIC MARTINEZ
Mermoz, par MICHEL FAUCHEUX
Michel-Ange, par NADINE SAUTEL
Mishima, par JENNIFER LESIEUR
Modigliani, par CHRISTIAN PARISOT
Moïse, par CHARLES SZLAKMANN
Molière, par CHRISTOPHE MORY
Marilyn Monroe, par ANNE PLANTAGENET
Montesquieu, par CATHERINE VOLPILHAC-AUGER
Thomas More, par MARIE-CLAIRE PHÉLIPPEAU

Jim Morrison, par JEAN-YVES REUZEAU

Mozart, par JEAN BLOT

Alfred de Musset, par ARIANE CHARTON

Napoléon, par PASCALE FAUTRIER

Gérard de Nerval, par GÉRARD COGEZ

Nietzsche, par DORIAN ASTOR

George Orwell, par STÉPHANE MALTÈRE

Pasolini, par RENÉ DE CECCATTY

Pasteur, par JANINE TROTEREAU

Édith Piaf, par ALBERT BENSOUSSAN

Picasso, par GILLES PLAZY

Marco Polo, par OLIVIER GERMAIN-THOMAS

Ravel, par SYLVAIN LEDDA

Louis Renault, par JEAN-NOËL MOURET

Richelieu, par SYLVIE TAUSSIG

Rimbaud, par JEAN-BAPTISTE BARONIAN. Prix littéraire 2011 du parlement de la Fédération Wallonie-Bruxelles.

Robespierre, par JOËL SCHMIDT

Rousseau, par RAYMOND TROUSSON

Saint-Exupéry, par VIRGIL TANASE. Prix de la biographie de la ville d'Hossegor 2013.

Saint-Simon, par MARC HERSANT. Prix de la biographie littéraire de l'Académie française 2017.

George Sand, par MARTINE REID. Prix Ernest Montusès 2013.

Madame de Sévigné, par STÉPHANE MALTÈRE

Shakespeare, par CLAUDE MOURTHÉ

Stendhal, par SANDRINE FILLIPETTI

Jacques Tati, par JEAN-PHILIPPE GUERAND

Tchekhov, par VIRGIL TANASE

Henry David Thoreau, par MARIE BERTHOUMIEU et LAURA EL MAKKI

Tocqueville, par BRIGITTE KRULIC

Toussaint Louverture, par ALAIN FOIX

Trotsky, par MICHEL RENOUARD

Jules Vallès, par CORINNE SAMINADAYAR-PERRIN

Van Gogh, par DAVID HAZIOT. Prix d'Académie 2008 décerné par l'Académie Française (fondation Le Métais-Larivière).
Verdi, par ALBERT BENSOUSSAN
Verlaine, par JEAN-BAPTISTE BARONIAN
Boris Vian, par CLAIRE JULLIARD
La reine Victoria, par PHILIPPE CHASSAIGNE
Léonard de Vinci, par SOPHIE CHAUVEAU
Voltaire, par FRANÇOIS JACOB
Wagner, par JACQUES DE DECKER
Andy Warhol, par MERIAM KORICHI
George Washington, par LILIANE KERJAN
H. G. Wells, par LAURA EL MAKKI
Oscar Wilde, par DANIEL SALVATORE SCHIFFER
Tennessee Williams, par LILIANE KERJAN. Prix du Grand Ouest 2011.
Virginia Woolf, par ALEXANDRA LEMASSON
Frank Zappa, par GUY DAROL
Stefan Zweig, par CATHERINE SAUVAT

Composition Nord Compo
Impression Maury-Imprimeur
45330 Malesherbes
le 15 mai 2018.
Dépôt légal : mai 2018.
1er dépôt légal dans la collection : mai 2012.
Numéro d'imprimeur : 227072.

ISBN 978-2-07-044412-0. / Imprimé en France.

336528